让孩子笑着读懂历史

趣味学世界历史

方舒眉 —— 著 马星原 —— 绘

北京理工大学出版社
BEIJING INSTITUTE OF TECHNOLOGY PRESS

序

世界多少事笑谈学习中

之前已撰写《趣味学中国历史》《趣味学中国文学》两本书，内容由远至近，综合而述，趣味与知识并重，受到学生和家长的欢迎。现在又撰写了第三本《趣味学世界历史》，本书内容涉及地中海文明（古希腊、古罗马、古埃及等）的起源，现代世界历史的种种变迁与发展，真是千头万绪，要以一册的篇幅包罗诸多内容，殊不容易。幸而早已明晰理念，统统与趣味挂钩，如此，有条有理地分述了一百多则富有趣味的历史故事，读者能一边看，一边微笑，一边反思，那就很好！

大学时代，曾选修“世界历史”一课，深觉历史故事蕴含了无限教训。好比拿破仑败给俄罗斯的冬天，之后，希特勒又重蹈覆辙，骄傲的人往往只凭一己的盲劲，导致彻底的失败。历史中也有许多不屈不挠、破釜沉舟、鼓励我们奋勇向前的人物，比如提出“日心说”的哥白尼、倡导“非暴力不合作”的“圣雄甘地”……

本书因资料庞杂，又有很多人名、地理名称和年份，因此笔者再三核对，想到可令年轻人轻松地了解世界情势的脉络，笔者感到是做了件好事。

目 录

第一篇 灿烂古文明

第二篇 黑暗中世纪

第二篇

第三篇 近代社会的觉醒

第四篇 动荡不安的现代开端

第五篇

第二次世界大战

第六篇

寻求和解的当代发展

第七篇

历史名人逐个捉

第八篇 冷知识大放送

第九篇 《圣经》故事与解不开的恩怨

第一篇

灿烂古文明

约公元前3000年至公元500年

特洛伊木马的传说

古希腊　约公元前1200年

传说**特洛伊与古希腊**的战争持续了十年都没有结果。就在特洛伊人聚集起所有军力，要一举功成的时候，希腊人竟然乘船退走，只留下一只**巨大的木马**在沙滩上。

正当特洛伊人对希腊人的这一做法摸不着头脑时，有士兵抓到了一个希腊人，将其带到了特洛伊国王面前。希腊人告诉国王木马是他们用来祭祀雅典娜的。国王又问，为何将木马做得如此巨大？希腊人回答说，木马做得越是巨大，就越是会得到雅典娜的庇祐。国王听罢哈哈大笑，下令拆掉一部分城墙，**将木马作为战利品推进了城里**。

这个鬼话连篇的希腊人就是间谍。到了晚上，他走到木马旁，朝木马敲了三下，只见从木马里面出来了很多士兵。他们打开城门，把早已躲在城外的军队引进城内，一举攻下特洛伊，结束了战争。

斯巴达人如何训练勇士?

古希腊　约公元前1100年至公元前200年

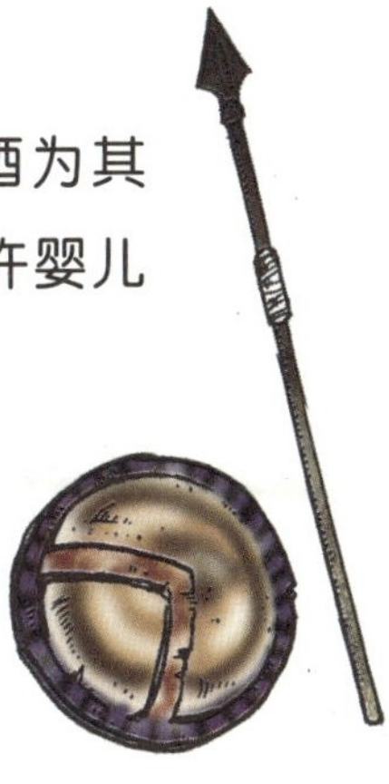

斯巴达人骁勇善战、赤胆忠心，他们训练**勇士**的方式也是铁血式的。

斯巴达人崇尚优生学。对于新生儿，父母会用烈酒为其洗澡，只有通过了烈酒的测试，元老院的长老们才会允许婴儿存活。

斯巴达小孩会与父母一同生活，但是父母对孩子从不骄纵溺爱，他们不能挑食，不能哭泣，不能吵闹，不能怕黑暗，不能怕孤独，而且必须赤脚，让双脚不再柔嫩脆弱。

在斯巴达小孩满**七岁时**，这些已经有一定训练基础的小勇士们就要离开家庭，加入少年团接受更严格的训练。小勇士们由最出色的青年带领，每天需要进行跑步、掷铁饼、拳击、格斗和击剑等训练。

满二十岁的斯巴达勇士会正式成为军人，开始接受正规的军事训练，学习方阵战术。

勇士直至**三十岁**才可以离开军队，回家结婚生子，但仍须参加民兵组织，平日训练，战时战斗。直至**六十岁**，才能真正退役安享晚年。

民主制度的原点：古希腊

古希腊　约公元前800年

现代社会强调的**公民社会、公民权、理性沟通**等，其源头可追溯至**古希腊**的**民主制度**。

古希腊城邦众多，各城邦之间所采用的政治制度也各有不同，但是有一政治制度受到诸邦效法，即民主制度。

古希腊的民主主要体现于选举制度，执政官本身就是被民众选举出来的，但他的权力仅在其城邦内有效。另外，城邦有议会制度，设置的元老院掌握了立法的权力。而这些都离不开一次又一次的改革。

以雅典为例，公元前594年，梭伦开展了平民参政的改革。公元前509年，克里斯提尼的改革则完成了贵族制向民主制的过渡。经过不断变革，雅典的国家最高权力机关成了**全体公民大会**，由公民抽签产生大会代表，代表公民对国家事务进行商议。

古代奥林匹克运动会：被拒之门外的女性

古希腊　公元前776年至公元400年

关于古代奥林匹克运动会的诞生有两种说法：一是说为祭祀宙斯而举行的体育竞技；二是说与宙斯的儿子有关。不论哪种说法正确，**古代奥林匹克运动会**从公元前776年至公元393年，每四年举办一次。可是，每届运动会只有男性拥有参与权，女性却没有。这究竟是何缘故呢？

古代奥林匹克竞赛其实是非常严肃的宗教活动，其举办运动会有**酬谢神恩**的作用。女性社会地位低微，自然不被允许参与。违例的女性甚至会被处死。

后来，比赛规定虽有所改变，即马车赛允许女性参加，但马车只能由男性骑师代御。据说，第一个女优胜者是斯巴达王阿格舍拉奥的妹妹西尼斯卡（Cynisca）。

到了公元前6世纪左右，希腊女性不满奥林匹克运动会将女性排除在外而举办了首届**赫拉（Hera）运动会**。

马拉松之战是“马拉松”的由来

古希腊　公元前490年

你知道“马拉松”这个代表长跑的称号是怎么来的吗？这个答案很多人都知道，它源于对一位使者的纪念。

公元前490年，希腊与波斯在马拉松开战。希腊的兵力虽然弱于波斯，但为了保家卫国，希腊士兵们奋勇抗敌，成功击退了波斯大军，取得了战争的胜利。

希腊指挥官为把捷报传回希腊，便派出一名擅于长跑的使者——斐里庇得斯回雅典报捷。

斐里庇得斯从马拉松平原跑回雅典，全程42.195千米，途中从未休息。当他回到雅典后，只说了一句“欢……乐吧，雅典人，我们……胜利了”便倒在地上与世长辞。

为纪念这位英雄，希腊在1896年举行的现代第一届奥林匹克运动会上，特别增加了长跑项目，并以马拉松命名。而马拉松的里程则采用斐里庇得斯跑的路程42.195千米。

苏格拉底被判死刑为何不逃跑？

古希腊　公元前399年

古希腊著名哲学家苏格拉底（Socrates）之死，源于三个雅典公民的指控。他们认为苏格拉底不信仰城邦供奉的神而信奉新的神、腐化青年思想并颠覆人们传统的认识。最终，陪审团投票决定判处苏格拉底死刑。

死刑宣判以后，苏格拉底的朋友克里多准备帮他逃走，但他宁死不从。苏格拉底拒绝逃走的理由是：他认为雅典人需要遵从法律，既然法律赋予检察官及陪审团审判自己的权力，自己就必须遵从其决定。

苏格拉底的理念是：即使判决一时出错，也只是执行者人为的错误，既然死刑判决是众人的决议，那就不能被个人随意取消或破坏。如果自己逃跑，那就会破坏法律。

只有人人遵守法律，雅典公民才有法治的保障。因此为了彰显法治，苏格拉底毅然选择赴死！其精神实在令人肃然起敬。

酒神赞歌从何而来？

古希腊　约公元前600年起

中国传统中，大大小小的祭祀成千上万，大多是为了歌颂某位神的功绩，或是祈求上天保佑平安。这种祭祀不单在中国盛行，于古希腊亦是重要活动。

大酒神节源自公元前7世纪，每年3月于雅典举行，人们在节日中向酒神狄俄尼索斯表达敬意。节日期间，希腊人会大摆筵席，享用佳肴美酒，唱歌狂欢，而酒神赞歌就是席上的一项重要节目。

其实，酒神赞歌并非指特定的某一首歌曲，而是人们在宴会上即兴合唱的歌曲。这些歌曲用芦笛伴奏，曲风热情奔放，很是符合狂欢的气氛。

后来，酒神赞歌变得盛行。至公元前6世纪，甚至成了一项竞赛，由五十名成年男子与男孩组成合唱团，于狄俄尼索斯大赛会上进行表演。这便促成了后来古希腊戏剧与音乐的发展，可以说酒神赞歌是古希腊艺术的源头。

寻找世界尽头的亚历山大大帝

古希腊　约公元前356年至公元前323年

亚历山大大帝可以说是史上赫赫有名的帝王，他是古希腊北部的**马其顿国王**，三十岁就建立了庞大的亚历山大帝国，疆域从爱奥尼亚海一直延伸到印度河流域。他一生未尝败绩，被认为是历史上最成功的军事统帅之一，故此被称为“大帝”。

亚历山大即位后极力实现父亲的扩土计划。公元前334年，他向波斯帝国统治的小亚细亚地区发起进攻，开始长达十年的东征。不仅如此，他成功突破波斯防线，并推翻大流士三世，征服了整个**波斯帝国**。为了寻找并抵达“世界的尽头和大外海”，他在公元前327年至公元前325年进攻了印度河流域。

公元前323年，亚历山大大帝在巴比伦辞世，没有来得及实施进攻阿拉伯的计划。在他死后，由于没有继承人，将领们互相倾轧，最终引发内战，亚历山大帝国迅速瓦解，分裂成**四个部分**。

亚历山大大帝以古希腊神话中的英雄阿喀琉斯为偶像，最终自己也成了一个近乎神话般的人物，影响了不少后世的军事领导人。

恺撒之死

古罗马　公元前44年

盖乌斯·尤利乌斯·恺撒，罗马共和国末期的军事统帅、政治家。他出身贵族，历任财务官、大祭司、大法官、执政官、监察官、独裁官等职，集大权于一身并实行独裁统治，被后世视为罗马帝国的无冕之皇，有**“恺撒大帝”**之称。可是，如此出众的一个统治者，最终却被人暗杀而死，这是为什么呢？

这场暗杀阴谋要从公元前44年说起，当时恺撒已集大权于一身，成为“终身独裁官”。他为了拯救被俘虏的九千名士兵，宣布将远征帕提亚。可是，占卜师预言：“只有王者才能征服帕提亚。”这个预言令共和派议员深感不安，他们认为如果恺撒最终登基称王，那么长达几千年的“共和国”体制就会土崩瓦解。于是，他们着手策划了暗杀行动。

3月15日，一群元老设法把恺撒引到元老院去读一份陈情书，那是元老写出来要求恺撒把权力交回议会的，可其实这份陈情书是假的。恺撒在读这份假的陈情书时，一个名叫卡斯卡的人突然用刀刺向他的脖子。恺撒感觉到他的举动，转过身抓住卡斯卡的手说：“恶人卡斯卡，你在做什么？”被吓到的卡斯卡转向其他元老，说：“兄弟们，帮我！”一下子，包括恺撒偏爱的议员布鲁图斯在内的很多人都开始**拔剑刺向恺撒**。相信恺撒心里最悲痛的莫过于此了！恺撒想要脱逃，可是因为血流太多，体力不支而摔倒，最后这些人在恺撒倒在地上的时候把他刺死了。恺撒死后，他的养子屋大维（后被称为“奥古斯都”，神圣伟大之意）继承了他的权力，行刺者也被屋大维一一诛杀，而布鲁图斯则因逃脱失败而自刎。

古罗马人的一年为什么只有十个月?

古罗马　公元前46年

众所周知，一年有十二个月，可是这是谁规定的呢？又是怎样划分的呢？

其实，在古罗马时期**一年只有十个月**，因为他们认为十月后的日子是用来**休息**的，完全不用工作，所以不纳入月历之中。那时七月的名称为September，而October、November和December则是八月至十月的名称。那么，现在的十二个月是怎么来的？七月和八月为什么会改了名字呢？

公元1582年，罗马教皇发布了**新的月历**，将十月后的日子也纳入月历。罗马人为了纪念在七月出生的恺撒大帝，就用他的名字Julius命名七月；而八月则是恺撒大帝的养子奥古斯都的幸运月。奥古斯都成为罗马帝国的实际掌权者后，以自己的名字Augustus命名了八月。因此，September、October、November和December依次顺延，变成了九月至十二月，也就是我们现在看到的月历。

跟现在的月历比起来，你是不是更喜欢以前的做法呢？是不是很羡慕以前的人呢？答案不言而喻，因为有两个月可以**不用工作**啊！

罗马的象征——斗兽场

古罗马　公元70年至公元523年

罗马斗兽场（也称罗马角斗场），现存于意大利的古罗马遗迹，在公元2007年被评选为世界**新七大奇迹**之一，是游客到访罗马必去的地方。

斗兽场是一个圆形剧场，主要用于表演、观赏，其外墙布满拱门，里面设有阶梯式五层座位。这种设计可以让观众根据自己座位的编号从不同拱门入场，避免了拥堵混乱。直到现在，大型体育场依然沿用这种设计方式。

可是，斗兽场内进行的表演是血淋淋的，因为参加者要与动物或者人搏斗，直到任何一方死亡为止。由于这种活动极其残忍，在公元523年被正式禁止。

随着时间的流逝，斗兽场在地震中受到了严重的损坏。现在，我们只能从存留的**遗迹**中感受其昔日的景象。

人类第一部法典是由谁编写的？

古巴比伦　公元前1772年

《汉谟拉比法典》是世界上现存的古代第一部比较**完备的成文法典**，由古巴比伦第六代国王**汉谟拉比**制定并颁布。法典原文被刻在一根高2.25米、上部周长1.65米、底部周长1.90米的黑色玄武岩石柱上，故又名**“石柱法典”**。石柱在公元1901年于伊朗埃兰古城苏萨被发现，现被存放于法国卢浮宫博物馆内。

石柱上刻有象征君权神授的画像，汉谟拉比王于太阳与正义之神手中接过象征皇权的权杖。刻文分为**序言、正文和结语**三个部分，其中序言、结语均为赞美汉谟拉比王的诗句，正文则包含二百八十二条法律，内容涵盖了日常生活的各个方面。

序言首句称：要让正义之光照耀大地，消灭一切罪与恶，使强者不能压迫弱者。初看，此法典旨在使人人平等，然而其中条文却将人分为三级：一为有公民权的自由民，二为没有公民权的自由民，三为奴隶。法典中处处体现出**压榨奴隶**、保护贵族的宗旨，实在违背其序言之意。

“法老”是谁？

古埃及　约公元前3000年至公元前30年

“法老”（Pharaoh）一词，指的是**古代埃及的统治者**，正如古代中国用“皇帝”一词代表最高统治者一样。“法老”这个词在古王国时期（约公元前2686—公元前2181年）仅指王宫，并不涉及国王本身。从新王国第十八王朝图特摩斯三世起，“法老”一词开始用于国王自身，并逐渐演变成对国王的一种尊称。而且，“法老”不单单是最高统治者，更是最高祭司——**神的代言人**，太阳神的儿子。

公元前332年，亚历山大征服埃及，埃及开始被马其顿国统治，法老埃及时代宣告结束。“法老”在公元前3000年至公元前30年间主宰着整个埃及。直至古罗马执政官屋大维征服埃及，把埃及变成罗马帝国的一个行省，法老才消失于历史之中。不过“法老”们的陵寝，虽然受过不少盗墓者的侵扰，但今日仍然存在于埃及的金字塔和帝王谷中。

金字塔与外星人

古埃及　约公元前2700年至公元前1800年

金字塔是世界**七大奇迹**之一，在埃及和美洲等地均有分布，但**埃及**的金字塔最为人们所熟知。黄土飞沙的埃及，一座座神秘的锥形建筑，令人着迷。可是，金字塔到底是由谁兴建的呢？目的又是什么呢？

曾经有人说，金字塔是人们与外星人沟通的工具，所以应该是由外星人督导兴建的，可是这种说法并没有什么依据。

也有人认为实际情况是这样的：古时的埃及法老王认为自己是**太阳神的后代**，死后可以通过金字塔与上天连接，所以历代法老王在登基的第一年就开始为自己筹备兴建金字塔，以便自己死后使用。

现在，我们看到的金字塔虽是遗迹，但从那堆砌金字塔的数不胜数的石块可想而知，当时建造时所耗的人力、物力之巨大，建造时间之漫长。可以说，金字塔是全埃及人的血汗结晶。

第二篇

黑暗中世纪

约公元500年至公元1500年

什么是骑士精神？

欧洲　中世纪

骑士精神其实是中世纪欧洲的一种精神文明，是一种道德与人格的文明。在中世纪，骑士肩负着保卫国家与教会的责任，能成为骑士的都是受过正式军事训练的人。那么，成为骑士需要什么条件呢？

要知道，骑士在中世纪是一种**身份的象征**，要成为骑士就必须具备八大美德：谦卑待人、崇尚荣誉、勇于牺牲、英勇无畏、怜悯弱者、以诚待人、公正无私及对神敬仰。在受封典礼上骑士需要宣誓坚守这八种美德，而这八种美德就是我们所说的骑士精神。

那么在现代，骑士精神是否已经消失了呢？

答案当然是否定的。**现代的绅士风度**就是由骑士精神演化而来的，这种精神依然存在于我们的世界上，历久不衰。

“上帝之鞭”是什么意思？

欧洲　公元406年至公元453年

“上帝之鞭”听上去像是传说中的远古神器，其实它是指古代欧亚大陆的**匈人首领阿提拉**。阿提拉十二岁时作为人质被送到罗马宫廷，他在那里学到了很多知识，这对他日后的统治非常有帮助。

公元451年，阿提拉向西罗马提出联姻要求遭到拒绝，他率领约五十万大军进入高卢（今法国）发动战争，一日之间造成了大量人员伤亡。西罗马后来与西哥特结盟，击退了阿提拉。次年，阿提拉再次进攻，越过阿尔卑斯山攻打意大利，摧毁了许多城市。最后，西罗马选择了议和。经过这两场战役，阿提拉被欧洲人称为“上帝之鞭”。

在西欧，“上帝之鞭”被视为**残暴与掠夺**的象征，但亦有史学家将阿提拉视为伟大的帝王，将其率领的军队视为匈人帝国的传奇。

“僵尸审判”是怎么回事？

罗马　公元897年

在**中世纪**的欧洲，**天主教**会是势力庞大的组织，凭着遍布各地的众多信徒，其权力甚至盖过了各国政府。当时，欧洲政局动荡，教皇交替频繁，教廷内部也充斥着权力斗争。就是在这样的情形下，发生了一件被称为**“僵尸审判”**的事件。

公元897年1月，新任教皇斯德望六世，在罗马的拉特朗圣若望大殿举行了一场震撼时人的会议。出于家族私怨，他要对已故的上一任教皇福慕进行审判。福慕的**遗体**被人从坟墓中取出，被穿上教皇礼服，支撑在法座上。在审判结束后，斯德望六世随即宣告福慕的罪行，剥夺其教皇身份，撤销其颁发的所有教令，还将其遗体弃于台伯河。

然而戏剧性的是，加害者斯德望六世在几个月以后的一场动乱中被废。有一种说法认为，斯德望六世被废后，被福慕的拥护者处以绞刑。这也算是他得到了应有的惩罚。

有角的维京人

北欧　公元8世纪至公元11世纪

当提及**维京人**时，在很多人的印象中他们都是头发乱蓬蓬、头上戴着**有角头盔**的高大男人。那么维京人从何而来？

公元8世纪到公元11世纪期间，维京人侵扰并**殖民欧洲沿海**和**不列颠群岛**。他们是一群探险家、武士、商人和海盗，足迹遍布于欧洲大陆至北极的广阔疆域。欧洲将这个时期称为**“维京时期”**。后来，欧洲各国的王权逐渐强大，终于有能力抵抗维京海盗了。

然而，维京人强大、坚毅、豪迈的形象深深刻在了人们的脑海中。他们从孩提时代开始，就喜爱种种竞争激烈的游戏，比如马术、举重、划船、操帆、游泳等，他们每年的部族大会也被称为“北欧的奥林匹克”。至于维京人戴着有角头盔的形象，可能是源于威廉·理查德·瓦格纳于公元1876年完成的剧作《尼伯龙根的指环》吧。

最富传奇色彩的英法王后埃莉诺

欧洲　公元1122年至公元1204年

埃莉诺从出生开始，她的人生就充满了传奇色彩。她的父亲阿基坦公爵威廉十世坐拥的公国约有现今法国的三分之一大小，其家族富可敌国，所以提亲者络绎不绝。后来，埃莉诺嫁给了路易七世，成为法国王后，集财力、权力和地位于一身。

路易七世与埃莉诺结婚，主要是为传宗接代，但是埃莉诺却只为他诞下两个女儿。路易七世遂以未能诞下继承人为由，与埃莉诺离婚。

可是，离婚六个星期后，埃莉诺旋即与**诺曼底公爵亨利**完婚，即后来的英国国王亨利二世。因此，埃莉诺先后成为英法王后，但她的传奇并没有在这里止步。

埃莉诺虽为亨利二世生育了七八个子女，但因她支持儿子叛乱，使得夫妻感情决裂，她也因此被亨利二世**软禁**十五年之久。直到亨利二世逝世后，儿子掌权，埃莉诺才被救出。当时已年逾七旬的她，仍在政治上辅助儿子，在儿子被俘虏时，她筹措赎金，亲往敌营谈判并接回儿子。

八十三岁时，埃莉诺病逝于风弗洛修道院，结束了传奇的一生。

伦敦大瘟疫——黑死病

欧洲　公元1348年

黑死病，人类历史上最严重的瘟疫之一。黑死病其实是**鼠疫**，起源于**喜马拉雅山区**，亦有说法是起源于黑海城市卡法，在14世纪席卷整个欧洲，引发了一场大瘟疫。这场瘟疫夺走了大约2 500万欧洲人的性命。

英国政府为了能够尽快消灭鼠疫，在伦敦尝试了许多匪夷所思的措施。

其一，市议会下令扑杀所有猫、狗，这个愚蠢的决定后来被证实是徒劳无功的，因为老鼠的数量因天敌被消灭而变得更加不受控制。

其二，当局发出指示，要夜以继日地在城区内生火燃烧，借此令空气变得洁净。

其三，官方同时在街头焚烧各种具有强烈气味的物质，比如辣椒、啤酒花和乳香，并且强烈敦促市民吸食烟草以吐出烟雾，希望用这些物质来抵御细菌在市内的散播。

病急乱投医，最后竟然是一场持续了**四日四夜的伦敦大火**有效地把老鼠、跳蚤以及细菌付之一炬，黑死病疫情才总算告一段落。

骑士制度为什么会消失?

欧洲　公元9世纪至17世纪初

在中世纪的欧洲，**骑士**一直是忠诚、英勇的象征。可是要成为骑士，除了要出生在贵族家庭外，亦要从小作为其他骑士的随从，接受训练、学习礼仪。可是骑兵受人尊崇的身份在中世纪以后却逐渐式微，到底是为什么呢?

原先骑士们需要经过长时间的训练才能承担起沉重的盔甲与骑枪，**久经训练的体格**是他们的珍贵之处。然而，中世纪末**枪炮**的盛行，使重装盔甲失去了意义，骑士的需求也远不如前，故骑士制度逐渐被废弃。

此外，在中世纪末，骑士的职衔从原先具备的军事意义，变成了一种荣誉，一种称号。在英法战争中，两国国王为了鼓舞士气，经常册封骑士，而过去对于骑士受封的严格要求也逐渐放宽，使得骑士单单作为一种称号而存在。

蒙古差点成功占领整个欧洲

欧洲　公元1206年至公元1368年

历史上曾有一个庞大的**蒙古帝国**，版图横跨欧亚大陆。

蒙古人的领袖**铁木真**将许多部落合并，于公元1206年建立大蒙古国，宣布即位为成吉思汗。在他的带领下，蒙古军多次击败强敌，不断扩张领土，为蒙古国后来的强大打下了重要的基础。

铁木真死前，蒙古帝国只占有中国的西北方。其子窝阔台继位后，开始派遣军队远征欧洲，一路攻下波兰、立陶宛等国，到达意大利的东北部，眼看就要开始征服整个欧洲。但1242年传来**窝阔台的死讯**，拔都等蒙古将领为争夺继承权，立即班师回朝，蒙古军向西的征途就此结束。

公元1271年，蒙古进军中原，宋亡。忽必烈建立元朝，后来元朝皇帝因权争而不断替换，导致对外征战连连失败，终究没能再次西征占领欧洲。

马可·波罗来华

中国（元朝）　公元1275年

马可·波罗出生于**威尼斯**的一个商人家庭，自小听家人讲述游历中国的经历，对神秘的东方充满遐想，于是他在公元1271年跟随父亲和叔叔踏上了丝绸之路。

据马可·波罗自称，因得到**忽必烈**的喜爱，他以使者的身份游历中国，足迹遍及西北、华北、西南和华东等地。其《马可·波罗游记》中，不但以大篇幅描绘了元代的政治事件，还记录了中国的历史、宗教和风土人情等，启蒙了**中古时期**西方人对中国的认识，从而激发了西方人对东方这颗明珠的好奇心，甚至促成后来哥伦布等探险家的探索之旅。

但其后的史学家对他的经历存疑，认为《马可·波罗游记》可能仅是他的“创作”，因为查遍元代史料，并无任何记载有关马可·波罗其人其事的只言片语。

历时最长的战争——英法百年战争

英国、法国　公元1337年至公元1453年

英国曾经是世界上的一大霸主，领地众多，有“**日不落帝国**”的称号。但在欧洲大陆，自中世纪以后，英国就不再占有任何领地。这一变化要从英法百年战争开始说起。

中世纪早期，**法国**经常受到维京海盗的侵扰，公元911年，西法兰克王国的查理三世为了抵御海盗，同意维京人定居于英吉利海峡沿岸，建立诺曼底公国。

公元1066年，诺曼底公爵威廉一世征服英格兰，在之后的许多年里，诺曼底公爵同时为诺曼底与英格兰的统治者，作为法国附庸的诺曼底公国地位渐渐提升，后来又因为联姻等不同的原因，使得法国失去了大片的领地。

两国为争夺领地，不惜发动战争，双方互有攻守胜败，然而在战争中真正受苦的却是人民，一百多年来两国都民不聊生。最后，英法**百年战争**以法国胜利收场，而英国则转往海外其他大陆发展。

改写法国历史的圣女贞德

法国　公元1412年至公元1431年

圣女贞德是法国的民族英雄。在**英法百年战争**（1337—1453年）中，她带领法兰西王国军队对抗英格兰王国军队的入侵。那贞德是如何从一个少女成为法国民族英雄的呢？

传说贞德16岁时，在村后的大树下遇见了三位天使，从而得到“天主的启示”，要求她带兵收复当时由英格兰人占领的**法国失地**。

贞德经历一番周折后得到兵权，1429年为奥尔良解围，扭转法国劣势，因此成为闻名法国的女英雄。其后，贞德带兵多次打败英格兰的侵略者，更让拥有王位继承权的查理七世于同年7月16日得以加冕。

然而，贞德于1430年在贡比涅一次小冲突中被勃艮第公国**俘获**，并以异端和女巫罪在法国鲁昂被当众处死。

英格兰军队被彻底逐出法国后，贞德年老的母亲请求教皇重审贞德的案子，最终为她平反。

第三篇

近代社会的觉醒

约公元1500年至公元1800年

文艺复兴影响深远

欧洲　公元14世纪至公元16世纪

文艺复兴是指**14世纪末到16世纪**发生在**意大利**的一场反映新兴资产阶级要求的欧洲思想文化运动。意大利语**“Rinascimento italiano”**，中文译为“意大利文艺复兴”。意大利语“rinascimento”的字面意思是**“重生”**，比喻摆脱以前的“黑暗时代”，打破以前的教条和禁忌，对创作重新注入新的动力。

意大利文艺复兴最为人熟知的是**文化艺术领域**的成就。在这一时期，诗人、文学家、雕塑家、画家和伟大的建筑师横空出世，各展所长，惊艳四方。这些艺术成就包括彼特拉克和马基雅维利的文学政治作品，艺术家米开朗琪罗、达·芬奇和拉斐尔的画作，还有伟大的建筑物，比如圣母百花大教堂和圣彼得大教堂等。

除了这些艺术成就，文艺复兴所包含的**“人文主义”**精神对后世的影响更为深远。人文主义倡导以人为本探求真理，冲破中世纪神学的桎梏。欧洲的自由人权思潮可以说是发源于此。

哥伦布发现新大陆的关键三天

欧洲　公元1492年

哥伦布是如何成为探险家，发现**新大陆**的？据说他在求学时期曾经读到一本毕达哥拉斯的著作，知道了地球是圆的，而且他认为如果这个说法是正确的，那他就可以在短时间内到达印度。当时有很多人都嘲笑他，甚至有人警告他："一直向西走会到达地球的边缘，很可能会掉下去哦。"但哥伦布对自己的推论很有信心，不过他没有钱。

终于，经过十七年的努力，西班牙女王同意资助他寻找印度。当经过在海上一个月的时间还没有看到陆地时，水手们威胁哥伦布要返航，否则就杀掉他。在死亡的威胁下，哥伦布依然坚持要继续下去，但他提出了一个协议，如果再过三天还找不到陆地，他们就返航。很幸运，在约定的第三天，他们发现了陆地。哥伦布认为他到达的就是印度。哥伦布凭着**好奇心与决心**，成功地实现了自己的梦想。

试想一下，假如三天之后哥伦布还是没有发现陆地，那么美洲历史以至世界历史都可能会改写。

第一个环游世界的人是谁？

欧洲　公元1480年至公元1521年

公元1519年，出现了第一位勇于探索，成功环游世界的人，他就是**麦哲伦船长**。

麦哲伦船长年轻的时候就很向往航海，于是加入了葡萄牙国家航海事务厅。他一直坚信地圆说，相信一直往西走，最后会回到同一个地方。在获得多年的航海经验后，麦哲伦船长向葡萄牙国王申请组织船队去探险，但没有得到支持。

麦哲伦船长没有放弃，于1518年前往**西班牙**，再次提出请求，这次西班牙国王被他说服了，同意为他提供帮助。麦哲伦船长很快就带着他的船队出发了，这段旅程历时两年。

可惜的是，麦哲伦船长到达菲律宾后，因参与土著的部落战争而丧生，但他的船队继承了他的遗志，环游世界一圈后回到了西班牙。所以严格地说，成功环游世界的，其实是麦哲伦船长的船队，而不是他本人。

替死者赎罪的赎罪券

欧洲　公元1095年至公元1562年

大家有没有听过**赎罪券**呢？传说犯了错的人，用了赎罪券就可以免除惩罚。赎罪券真的这么厉害吗？

公元1095年，罗马教皇乌尔班二世为了让士兵加强宗教信仰，给所有参军的人发了赎罪券，让他们可以在**神的面前减免刑罚**。他的原意是好的，但到了16世纪，赎罪券却变成了敛财的方法。当时的教皇利奥十世生活奢侈，为了兴建圣彼得大教堂，他让罗马教会宣布，只要购买赎罪券，灵魂就可以**从地狱升到天堂**。

这个行为在后来引发了宗教改革。赎罪券的售卖在天主教内部革新后才停止。所以，犯了错还是要靠自己改过，不要以为简单的一张纸就能免除过错，那是不可能的！

谁是宗教改革的领头人？

欧洲　16世纪至17世纪

宗教改革是指发生在欧洲**16世纪到17世纪**的**宗教分裂及改革运动**，这场运动的领头人叫马丁·路德。16世纪，教会售卖赎罪券敛财，引起民众的不满。对此，**马丁·路德**写了**《九十五条论纲》**，指责教会的行为及弊端。

马丁·路德的这一举动触怒了教廷，教皇命他到罗马接受审判。教廷判决限令马丁·路德在两个月内放弃自己的观点，否则会被处以死刑。马丁·路德坚持自己的信念，并对教廷的判决提出不满。他认为教廷内部已经腐败，无药可救，决意与志同道合的人发起改革。

在马丁·路德等人近一个世纪的努力下，改革后的新教会建立，就是现在的**基督新教**。

至于天主教，也因为受到新教运动的冲击，走向摆脱守旧传统的现代改革之途。

500年前的一场宗教改革

欧洲　公元1517年

距今500年前德国教会司铎（神父）兼神学教授马丁·路德走到威登堡诸圣教堂门前，将他写的《九十五条论纲》钉在教堂门上。他公开**质疑**罗马教皇发售“赎罪券”的做法，马丁·路德声称，基督徒不能通过购买赎罪券的方式进入天堂，进入天堂唯一的途径是上帝的慈悲。

在这场宗教改革过程中，各地政权纷纷表态。神圣罗马帝国的皇帝查理五世支持教皇，故此发诏书通缉马丁·路德；而萨克森选侯腓特烈则是马丁·路德最坚定的支持者，他将马丁·路德保护了起来；英国国王亨利八世宣布脱离罗马教会，成立了英国国教会……

综合而言，马丁·路德提出的宗教改革，导致了罗马天主教的分裂与新教的诞生。其间虽然给民众带来战争与迫害，但也为欧洲带来**自由、宽容的新气象**。

改变“天动说”的哥白尼

欧洲　公元1473年至公元1543年

“地球绕着太阳转”这个天文现象并不是人们很早就有的认知。16世纪以前，很多人都认为**地球是宇宙的中心**，其他星体则是绕着地球转的。最先打破这个既有谬误的是**哥白尼**。

哥白尼认为，太阳才是宇宙的中心。他在四十岁左右提出了**“日心说”**理论。公元1533年，哥白尼在罗马做了一系列的讲演，之后不断有朋友催促哥白尼将他的理论出版成书。可能是怕遭到当时天文学界以及教会的批评，哥白尼在他生命的最后几年，才终于同意出版**《天体运行论》**，而这部著作也被视为近代天文学的起点。

社会为谁建构？

英国　公元1689年

你有没有想过**国家或社会**是从何而来？17世纪著名的英国哲学家约翰·洛克认为，为了保护自己的权利，人会自然而然地组织起来，形成**团体部落**乃至**国家社会**。

约翰·洛克虽然相信人有自我道德的约束，但他认为这种约束并未强大到可以限制伤害他人或侵夺他人财产的恶行，所以需要外来的制衡力量来维持秩序，由此政府应运而生。约翰·洛克还认为，一个合理的政府会以法律作为中立的审裁者，以保护人民的权利，避免任何自私、侵害别人权利的行为，而政府的权力则来自被统治者，只有在人民同意的情况下，政府的行为才有其合法性。

美国建国时所发布的**《独立宣言》**提及“……为了保障这些权利，人类才在他们之间建立政府，而政府之正当权力，是经被治理者的同意而产生的……”，正是约翰·洛克思想的实现。

空想且危险的乌托邦

英国　公元1516年

当听到**“乌托邦”（utopia）**这个名词时，我们都会不由自主地联想到“伊甸园”“天堂”这些美好而不存在的地方。既然是不存在的地方，那乌托邦是怎样来的呢？

其实，**古希腊**哲学家柏拉图所写的**《理想国》**就是乌托邦的雏形。柏拉图把成为领袖需要的条件、城邦的制度、青年教育以及男女平等思想都写得巨细无遗。柏拉图认为“财富和贫穷都是有害的”，所以在他的《理想国》里两者都不会存在，甚至孩子都为国家公有。

公元1516年，英格兰作家托马斯·莫尔出版了《乌托邦》一书，它是根据柏拉图的《理想国》写成的。书中的乌托邦是一个完全理性的国度，在这个国家里所有的财产都是**共有**的，在战争时期他们宁可雇佣临近好战国家的雇佣兵，也不轻易使用自己的公民；而这个国家的宗教信仰也是自由的，妇女可以担任神职人员，男性神职人员也可以结婚。这样的国度好像很理想，但实际上是行不通的，只是一个**空想**而已。

故此，后来又有“反乌托邦”的思想论述或文学故事出现，以讽刺乌托邦式的思想，质疑其可行性。

百科全书与狄德罗

法国　公元1751年至公元1772年

当遇到不明白的事情时，现在的人都会上网去找答案，不过以前还没有网络时，那要怎么办呢？去图书馆借阅相关的书是一种方法，但是还有一种方法，就是翻开厚厚的百科全书找答案。可是，当时的百科全书有其不足之处。狄德罗就是基于这个原因，遂决定组织一群专家编辑一套**更好的百科全书**。

公元1745年，**法国出版商**委托狄德罗和数学兼物理学家达朗贝尔将一套英国的百科全书译成法文。两人接受委托后，在翻译的过程中发现英国的这套百科全书内容支离破碎，观点陈旧，而且充满了宗教思想。

于是，狄德罗便提出由他组织一群人，一起编写一套更好的百科全书，出版商接受了这个建议。其后，狄德罗的计划得到了伏尔泰、卢梭、霍尔巴赫、爱尔维修等众多著名学者的支持。

在他们的帮助下，狄德罗把法国最优秀的一百余位思想家、哲学家、科学家、政治家，以及工程师、航海家、军事专家和医生组织起来，共同从事这项伟大的事业。全书由狄德罗任主编，达朗贝尔任副主编，在编辑过程中，形成了一个代表第三等级利益，以反对封建专制、天主教会和经院哲学为己任的“百科全书派”。

现代民主的基石——卢梭的《社会契约论》

法国　公元1762年

与几百年前相比，现代社会多倾向民主政体，强调个人自由，认为统治者皆需代表人民的意志。

但是，现代民主思想有不少内容是基于**卢梭**的《社会契约论》。卢梭认为，人生在世虽然看似自由，然而不同的社会习俗、风气、法律等都会影响到个人的自由，于是提出**“契约自由”**的概念，指出只有每个人都为社会整体放弃同等的自由，才可能达到平等。

社会契约的内容源自**公共意志**，法律的订立代表每位公民的同意而非限制。也就是说，作为国家的公民，是自愿放弃这些自由的，所以不含限制的意味。

现代国家的宪法，有一部分就是在参考了卢梭的《社会契约论》后编写的，如公元1787年订立的**《美国宪法》**。

哈布斯堡家族

欧洲　公元1273年至公元1918年

大家可能对**哈布斯堡家族**很陌生，这个家族曾经统治过奥地利、德国、西班牙、匈牙利、意大利及葡萄牙等国，可以说是欧洲历史上最为显赫、统治时间很长、统治地域最广的**封建家族**。

这个家族一开始居住在法国的阿尔萨斯，后扩张至瑞士北部的阿尔高州，并在公元1020年筑起鹰堡，名为哈布斯堡。

公元1273年，鲁道夫一世被选为神圣罗马帝国的皇帝，从此开始了哈布斯堡家族作为皇室统治各国的历史。鲁道夫一世在公元1282年把奥地利和施蒂里亚分别传给两个儿子——阿尔布雷希特和鲁道夫。公元1438年，从阿尔布雷希特二世起，神圣罗马帝国皇帝由哈布斯堡家族世袭，其后衍生出西班牙分支以及奥地利分支。公元1867年，奥地利与匈牙利合并，哈布斯堡家族成为奥匈帝国的统治者。然而，第一次世界大战后奥匈帝国解体，这个家族亦开始衰落，光辉不再。

公元1918年，奥地利共和国成立。共和国于次年议会通过法案，将哈布斯堡家族的财产没收，驱逐其家族成员。曾经辉煌显赫的家族就此没落。

俄国人的胡子与彼得大帝

俄国　公元1682年至公元1725年

彼得一世·阿列克谢耶维奇·罗曼诺夫，是俄罗斯罗曼诺夫王朝的第四位沙皇，也是俄罗斯帝国首位皇帝。他在位期间力行改革，制定的西方化政策是使俄罗斯变成一个强国的主要因素，被认为是俄罗斯最杰出的皇帝，人称**“彼得大帝”**。

首先，彼得一世推行富国强兵的政策，他改革军制，征召年满十五岁的青年组成志愿军，受训之后终身服役，建立了正规的陆海军。其次，他积极兴办工厂并发展贸易。

另外，他还微服游历**西欧**，学习造船技术，并且将欧洲文艺复兴的文化带回俄罗斯。他认为，俄罗斯人终身不刮胡子的传统是落后的，所以规定凡是留胡子的都要交税。

彼得一世的改革几乎影响了生活的各个层面，改革的成功使俄罗斯取得大北方战争的胜利，收入以及生产力都有所提升。然而，彼得一世更重要的影响是建立了一个“强大的警察国家”，并进一步加强了俄罗斯的专制统治。

彼得大帝为俄罗斯改革做了很多，但从中也暴露出其残酷的一面。对于阻挠改革的人，哪怕是太子，彼得大帝也要求法庭根据“法律和正义”的准则进行严惩。扫除了所有的障碍后，俄罗斯的改革最终得以顺利进行。

茶杯里的风波促成美国独立

美国　公元1773年至公元1787年

美国独立宣言和美国独立**战争**是美国走向独立的开端，在此之前美国一直是英国的殖民地。而促使美国发起独立战争的原因，竟是波士顿的**“一杯茶”**！不过这杯“茶”非常特别，它是用港口的海水泡出来的！

话说在17世纪，欧洲人热爱**中国的茶叶**，并沉迷于茶文化。公元1773年，英国国会颁布《茶叶法案》，由英属东印度公司垄断茶叶贸易，以帮助英国本土商人，但这极大地损害了原先殖民地茶商的利益。在原来的茶税没有被解除的情况下，当时的英国首相仍坚持要对殖民地收税。因此辉格党人、茶叶分销商和走私者联合起来抵制《茶叶法案》和来自英属东印度公司的中国茶叶。

12月16日，四艘满载茶叶的东印度公司商船抵达波士顿港，殖民地民众对此十分愤怒。由波士顿革命人士塞缪尔·亚当斯领导的组织——“自由之子”决定偷袭船只。亚当斯率领60名“自由之子”潜入三艘商船上，将船上的货物捣毁，将价值18 000英镑共342箱的茶叶倒入港口内。此举激怒了英国政府，政府旋即下令关闭波士顿港，并派英军入驻殖民地。虽然“自由之子”的组员们行动之时乔装为印第安人，但还是被识破了，故被称为**“茶叶党”**。

公元1774年，英国政府通过一系列法案，想加强对各州的控制。但这些法案均被北美居民称作“不可容忍的法案”，后来费城等其他港口也陆续响应，终于导致公元1775年4月**美国独立战争**的爆发。

如何购入美国的一个州？

美国　公元1776年至公元1959年

美国是**现今世界大国**，拥有五十个州、一个特区、五个自治领土以及外岛，一听就觉得领土相当广阔吧！不过美国最初的州只有十三个，其他的州和领土几乎都是**买回来**的！

19世纪的美国，经济逐渐发展，于是开始不断地扩充领土。以公元1783年签订《巴黎条约》，美国独立获得承认开始，公元1803年美国从法国买下路易斯安那州，继而把领土一步步向西推进，且前**后扩张了七次**，最后边境抵达太平洋，而州数也由十三个暴增到五十个。虽然美国把西部开拓看成是“拓荒精神”的表现，但在这个过程中，他们将印第安各部族赶进保留地，且在后来拍摄的电影作品中将印第安部族塑造成野蛮人的形象，没有充分反映史实。

在领土扩张的过程中，发生了一件小趣事。当美国于公元1867年以720万美元的高价向俄罗斯买下**阿拉斯加**后，当时有议员指责：“为什么要买下一个**这么贵的冰箱**？”不过后来人们却在阿拉斯加发现了丰富的金矿和油田，这是没有人料到的。

美国独立奠基者、美国之父华盛顿

名人小剧场 1

动物村也应该以我的名字做村名。
你先听听他的生平吧。
Q小子村
华盛顿1732年生于一个种植园主的家庭，虽自幼丧父，不曾读过大学，但他凭着艰苦的努力，成为一位出色的种植园主。
当时，英国和法国为了争夺北美殖民地而发动战争，英国为求战胜法国，竭力争取种植园主的支持。
华盛顿也参与了这场“七年战争”，累积了一定的军事经验和威望。
战后，华盛顿却深受英国的殖民政策之苦。
什么？英国把西部土地列入皇室私产？光是我便一下子丧失了好几万英亩土地。
在英国殖民统治下，当地人民受到许多限制和剥削，最终于1775年爆发独立战争。华盛顿亲自领兵出战，团结各州与英国作战到底。

美国独立战争获得胜利后，华盛顿亦于1789年4月当选美国第一任总统。他参与并主持制宪会议，其政治理念对美国宪法的形成起到了相当重要的作用。例如：
思想自由
言论自由
选择自由
很伟大呢！那他一定当了很久的总统吧？
不。
他担任美国总统八年后，便退位让贤，不再连任，可见他并无把持政权的野心……
这也促成美国总统任期不超过两届的不成文惯例。
NEXT！
总统

以他的名字为首都命名实在是非常合适呢！
Q小子
既然我比不上他的丰功伟绩，唯有先把我的小房间命名为“Q小子”了。
你若希望将来能以自己的名字做首都的名称，现在就要多多向华盛顿学习。
有办法！
这华盛顿是不是砍倒樱桃树的华盛顿？
是啊！
樱桃树在哪里？

第四篇

动荡不安的现代开端

约公元1800年至公元1918年

改变世界的工业革命

欧洲　公元1760年至公元1840年

工业革命发生在英国，时间跨度为**18世纪60年代到19世纪40年代**。它影响了人类生活的各个方面，使世界发生了巨大的变化。

工业革命前，欧洲的生产动力以**人力**为主。但在贸易和人口增加后，这种原始的方法已无法满足人们的需求。当时，英国设立专利权，保护新发明，于是不少商人都投资于各种发明，想研发**新技术**投入生产，从而**提高生产效率**。这一时期，纺纱机、蒸汽机和蒸汽火车等相继被发明出来，生产过程逐渐以机器代替人力，完成了从工场手工业向**机器工业**的过渡。

工业革命推动了人类的现代化进程，使人类的生活更加方便，也改变了人类的思想。这场革命也使英国确立了其世界经济霸主的地位。

英国工业革命兴起之时，中国正处于所谓“万邦来朝”的乾隆盛世，根本瞧不起西方。但这时候的西方正在奋发向上，而自大傲慢的清朝国力则一路下滑。**东方、西方**在这个**历史转折点**上背道而驰。

法国大革命与路易十六

法国　公元1789年至公元1793年

衰落的**法兰西波旁王朝在路易十六**接手时已经背负如山巨债，但宫廷仍旧花钱如流水。此外，军费也是个沉重的负担。虽然路易十六也不是完全没有作为，他也曾试图进行改革，包括废除农奴制、实行宗教宽容政策等，但在贵族的群起反对之下，改革最终没有进行下去。

公元1789年，路易十六放松了对粮食市场的管制，导致面包价格飞涨，造成了严重的民生问题。路易十六“好心做坏事”，引发了一场革命！**愤怒的巴黎市民**涌上街头，抢劫军火库和攻陷巴士底狱。很快，巴黎的革命风暴席卷了全国。本来，路易十六有机会从专制君主制过渡到“君主立宪制”，但他看不准时局。

路易十六携王室成员秘密离开巴黎。然而，在离巴黎不远的瓦雷纳，他们被革命者拦截并被押返巴黎。

公元1793年1月21日，在巴黎人民的一片欢呼声中，路易十六被送上了断头台。

充满血腥的法国大革命

法国　公元1789年至公元1794年

在大革命期间，法国先后经历了**共和制、帝制、君主专制、君主立宪制**等政治制度的交替管治。主政者的频繁更换导致了许多流血冲突。

在公元1792年9月2日就发生了著名的**"九月大屠杀"**，杀戮风潮在巴黎及全国各处城市持续了五日。起因是巴黎人担心保王党军队会袭击巴黎，激进分子呼吁采取先发制人的行动，号召应征入伍者保卫国家，加之有谣言说囚犯会配合保王党军队，故此要先把囚犯杀掉。随即便掀起了一场疯狂的杀戮，数日之间1 200名至1 400名囚犯被民众私下处决。

大革命期间，各党派轮番上台，第一轮上台的"吉伦特派"无法改善经济，被"雅各宾派"取代。雅各宾派当政时又称**"恐怖时代"**，其领导人罗伯斯庇尔原来就是个杀人狂，他掌权后，把投机商人处决；10月底，又把吉伦特派及其支持者斩首。

大约两年后，雅各宾派内部发生激烈争斗，罗伯斯庇尔以谋反的罪名将派中与他政见不合的丹东、埃贝尔等人处死。随后国会中反对罗伯斯庇尔独裁的势力组成热月党，发动“热月政变”，推翻了罗伯斯庇尔，并将他送上**断头台**。

雅各宾派专政期间，被斩首的“反革命分子”约有七万人之多，其中不少人并非保王党成员，他们只是反对雅各宾派的人士。而断头台行刑遗址，就是今日巴黎市中心的**协和广场**。

爱尔兰的马铃薯大饥荒

爱尔兰　公元1845年至公元1850年

公元1921年，**爱尔兰自由邦成立**，结束了大英帝国七百多年的统治，但其东北方的领土则继续留在联合王国内，形成了**北爱尔兰**。

历史上的爱尔兰叛乱不断，其离心的祸根在19世纪初就已埋下。

当时，英国颁发的《谷物法》向进口小麦征税，故爱尔兰一半以上的人只能以**马铃薯**充饥。公元1845年，马铃薯歉收问题引发了爱尔兰大饥荒，影响极其严重：人口减少了四分之一。尽管次年英国就废除了《谷物法》，但为时已晚。即使到今日，爱尔兰的人口仍不足500万，没恢复到饥荒前的情形。

马铃薯饥荒增加了**爱尔兰人对英国人的仇恨**。公元1870年，他们要求重开自己的议会。几乎所有爱尔兰人都想实现自治或独立。公元1918年，当选的爱尔兰议员拒绝在英国下议院任职，他们自行组成了爱尔兰议会，并且于1919年1月发布了单方独立宣言。马铃薯大饥荒正是掀起**爱尔兰独立战争**的源头。

玛丽王后真的说过“没有面包，为什么不吃蛋糕”吗？

法国　公元1755年至公元1793年

玛丽王后**（玛丽·安托瓦内特）**原是奥地利公主，后嫁给法国君主路易十六。法国大革命时，她死于断头台上，而她最有名的一句话是**“没有面包，为什么不吃蛋糕？”**据说，这是她在大臣向她禀告百姓没有面包吃时说出的。可是，她真的说过这句话吗？

历史上，这位玛丽王后并没有说过这句话，只是人们为了发泄愤怒而把这句话强加在了这个喜爱打扮的女人身上。而且记载这句话的卢梭的《忏悔录》写于公元1767年，那时玛丽王后才十几岁，由此可见，书里提到的王后又怎么会是她呢？

其实，说这句话的是路易十五的玛丽王后**（玛丽·勒金斯卡）**。这位王后当时无意说出了缺乏常识的话：“没有面包，为什么不用面包皮蘸酱吃呢？”至于这位王后有没有受到谴责，那就不清楚了。

路易十六的玛丽王后还有一句令人难忘的话，是她走上断头台时，无意中踩到了刽子手的脚，她立刻道歉：“请原谅，先生，我并非故意的。”她生前最后的话语，让法国人惭愧至今。

凡尔赛宫的前世今生

法国　公元1624年至今

凡尔赛宫是世界著名的建筑之一，曾经是法国的王宫及政治中心，更于公元1979年被列入**《世界文化遗产名录》**。

凡尔赛宫位于巴黎近郊，该处原本只是一片森林和沼泽。公元1624年，法国国王路易十三以一万里弗尔的价格买下了这片荒地，修建了一座两层的红砖楼房，用作**狩猎行宫**。当时的行宫只拥有二十六个房间。

公元1660年，路易十四参观财政大臣富凯的府邸，其府邸的美轮美奂、宏伟壮丽令路易十四大为惊讶！当时王室在巴黎郊外的行宫全都被比了下去。恼羞成怒的法国国王将富凯以“贪污”罪名送入狱中，并命令富凯的两位设计师为他设计新的行宫。

16世纪至17世纪的巴黎政局动荡，路易十四计划将宫廷搬迁，并以凡尔赛的狩猎行宫作为建造新宫殿的基础。

公元1682年，路易十四宣布将法兰西宫廷从巴黎迁往凡尔赛，随即凡尔赛宫成为西欧最大、最雄伟、最豪华的宫殿建筑，并成为法国及欧洲的**贵族活动中心**和**艺术文化时尚**的交汇之地。

虽然凡尔赛宫的**建筑风格**引起俄国、奥地利等国君主的羡慕和仿效，但凡尔赛宫过度追求宏大、奢华，居住功能却被忽略了！宫中只有地下院子有厕所，二楼、三楼的卧室居然没有一处厕所或盥洗设备。后一任的路易十五对凡尔赛宫没有好感，认为它虽然宽敞、豪华，却**不切实际**。

公元1789年，路易十六被民众挟至巴黎城内，凡尔赛宫作为王宫的历史至此终结。在法国大革命期间，凡尔赛宫多次被民众洗掠，宫中的家具、壁画、挂毯、吊灯和陈设物品皆被洗劫一空，宫殿门窗也被砸毁拆除。

公元1793年，宫内残余的艺术品和家具全部被运往**卢浮宫**。此后，凡尔赛宫荒废达四十年之久，直至公元1833年，奥尔良王朝的路易·菲利普国王下令修复凡尔赛宫，并将其改为**历史博物馆**。

自大的恶果！著名的滑铁卢战役

比利时　公元1815年

拿破仑在公元1815年逼退法国国王路易十八，再次登上法国王位，此举引起欧洲其他国家的不满，英国、普鲁士、奥地利等国组成了反法联盟，带领大军围攻法国首都——**巴黎**。但没有想到拿破仑早有准备，他统领十四万士兵将来犯者击退。

拿破仑派手下追击普鲁士军团，而自己则领军追赶英军，当时英国的统帅是尚未成名的威灵顿公爵。拿破仑自以为自己战无不胜，并没有把威灵顿公爵放在眼里，一直追击至比利时的滑铁卢。

当拿破仑追击英军至滑铁卢时，以为就要取得胜利之际，之前被他手下追击而逃脱的普鲁士军队赶来支援英军，出现在法军侧翼。法军被突如其来的攻击乱了阵脚，结果一败涂地，溃不成军。自大的拿破仑后悔莫及，只好带着剩余的一万士兵撤回巴黎。

同年6月22日，拿破仑被逼再次退位，并被放逐于圣赫勒拿岛。而**“滑铁卢战役”**也成为拿破仑一生中最遗憾的败绩。

达尔文

英国　公元1809年至公元1882年

达尔文的“**进化论**”可谓无人不晓，它既是对演化机制的主要诠释，亦是现今生物学的基石。可是，小时候的达尔文却绝对是个**孤独又奇怪**的小孩。

达尔文（1809—1882年），生于英国一个小镇庄园，其父是当地的名医。

儿时的达尔文渴望得到母亲的关注，不仅常和妹妹争宠，还经常独自流连于父亲的图书馆，并且热衷于观察周围的动植物。当然，有时也去河边垂钓。他年纪小却**充满想象力，喜欢编故事**。

母亲死后，父亲对达尔文的管教更加严格。后来，父亲让达尔文转到医学院，希望他日后也像自己一样成为医生。

在大学研读医学期间，达尔文对自然史逐渐产生了兴趣。在一个难得的机会下，他参与了“小猎犬号”于公元1831年开始的航行，专心致志要成为一名地质学家。回到英国后，他出版了《小猎犬号航海记》，一跃成为受人瞩目的作家。公元1859年，达尔文出版了**《物种起源》**，对自然界的多样性做出了重要的科学解释。

拿破仑败给了俄国的“冬天将军”

法国、俄国　公元1812年

一说起拿破仑的败绩，世人马上会想起“**滑铁卢战役**”。其实，拿破仑一生大大小小打了六十多场战役，失利的战役虽然屈指可数，但总是有的。而与“滑铁卢战役”相比，输得更惨的其实是远征俄国那一役。

公元1811年年末，法俄关系恶化，俄国沙皇亚历山大一世拒绝继续与法国合作抗英，后致俄法战争于1812年爆发。拿破仑率领五十多万人的大军进攻俄罗斯。俄军战斗力不敌法军，但俄国国土广阔，俄军利用这个优势采取“**焦土政策**”，即敌进我退，避免正面交锋，且后撤时，所有物资、粮食可以搬走的搬走，不能搬走的就地烧毁，不留任何可用物资予法军。

法军每占领一地，所得都是一座空城，军队补给必须依赖从远方运来的物资，非常艰苦。而随之而来的严寒冬季，更是摧毁了法军脆弱的补给线与士气。法军伤亡大半之后，终于抵达莫斯科。拿破仑本以为亚历山大一世会投降或求和，未曾料到，迎接他的却是**莫斯科全城的大火**！恰在此时，拿破仑又获悉国内有人策划政变，因此不得不撤军返国，但最后回到法国的军队只有两万人左右。事后，拿破仑不承认这是军事失败，他认为自己是败给了俄国的**“冬天将军”**。

拿破仑真的是矮子吗？

法国　公元1769年至公元1821年

拿破仑有一句名言：“我的个子是比你们矮，但如果你们因此蔑视我的话，我将马上砍下你们的头，消除这个差别。”加之历史记载他的身高是五尺二寸，因此大家都认为他是个1.59米的矮子。然而，事实并非如此。

实际上，**法国制定的尺寸是比英国长的**，法国的五尺二寸相当于1.7米，所以拿破仑不是矮子。那么，看到他的民众又为什么认为他矮呢？原因就在于拿破仑经常与他的禁卫军一同行动。他的禁卫军身材比较高大，这样一来，只有1.7米的拿破仑走在他们当中，自然就显得矮了。

如果当初拿破仑招的军人都是跟他身高差不多的，或者他不跟禁卫军一起行动，或许就不会产生这种误会。

英国为什么叫“日不落帝国”？

英国　公元1837年至公元1901年

“日不落帝国”是指拥有广阔领土、太阳永远都会照在它的领土上的国家。这个词最初是用来形容16世纪的**西班牙帝国**的。在西班牙帝国衰落后，这个名称就让位给了**英国**。

英国在维多利亚女王时代，殖民地遍布全球。英国的国旗在殖民地上空飘扬，无论是东半球还是西半球，英国的领土总能受到阳光的洗礼。

因此，英国骄傲地自称为“日不落帝国”。当时，英国出版的地图甚至还将其管治范围用**粉红色**标出来，生动地表现出英国的霸权。

到了20世纪，特别是在第二次世界大战后，英国国力衰微，再加上民族主义运动兴起，殖民地纷纷独立。虽然英国的殖民地势力风光不再，但现在提起“日不落帝国”，想到的依然是英国。

统一德意志的铁血宰相

德国　公元1815年至公元1898年

铁血宰相俾斯麦是德意志帝国第一任首相，他在1871年成功地统一了德意志。被任命为首相后，俾斯麦在下议院的首次演讲中说道："当代的重大问题并非通过演说和多数派决议就能解决，而是要用铁和血来解决。"因此，他被称为"铁血宰相"。但是，俾斯麦最初并不是这么优秀的人，少年时期的他有着一段荒唐的生活。

少年时的俾斯麦对**语言**很感兴趣，学会了俄语、法语、波兰语等，这为他的外交官生涯打下了基础。但到了大学时，俾斯麦变得无心向学，还染上了各种恶习。他想靠赌博赚钱，不但没成功，反倒有许多欠债。回到家乡后，他与哥哥分家，用家产还清欠债，并进入政坛。国王威廉一世很欣赏他，任命他为**首相兼外交大臣**。自此，俾斯麦的铁血生涯就此展开。

俾斯麦一生为德国做出许多贡献，虽然其政治作风比较保守，但为人民做了不少实事，如设立世上最早的医疗保险制度和工人养老金等。

第一次世界大战的起因

欧洲　公元1914年

从欧洲开始，继而波及全球的**第一次世界大战**爆发于**公元1914年**，战争使得各国伤亡惨重。可谁又会想到这场世界级悲剧的导火索竟是一名十九岁的青年呢？

早在公元1882年，德意志帝国、奥匈帝国和意大利王国在维也纳签订同盟条约，形成了**同盟国**。另一方面，跟同盟国对立的英国、法国、俄国则也因为各自的利益组成了**协约国**。两大集团之间互相抗衡，剑拔弩张。

公元1914年，十九岁的塞尔维亚青年普林西普枪杀了在萨拉热窝视察的奥匈帝国皇储弗朗茨·斐迪南大公夫妇，这一事件被称为“萨拉热窝事件”。奥匈帝国在德国的支持下，以此事件为借口，向塞尔维亚宣战。塞尔维亚属于协约国成员，协约国自然不能坐视不理，终于同盟国与协约国以及它们的殖民地展开了一场史无前例的战争。第一次世界大战就此爆发。

第一次世界大战与女权

欧洲　公元1914年至公元1918年

战争，竟然是**提高女性地位**的契机？是的！第一次世界大战对西方妇女运动的影响极其重大，使得女性地位大幅提升。那么，战争与女权两者究竟有何因果关系呢？

第一次世界大战期间，主张妇女参政的**英国人亚瑟·马威克**认为，妇女在战争时的付出和所表现的忠诚应受到肯定。亚瑟提出“给女英雄与男英雄同样的选举权”的言论，影响了不少参战国的政策。继芬兰后，挪威、丹麦、冰岛和荷兰也给予妇女选举权；公元1918年，英国也把选举权授予三十岁以上的妇女；公元1920年，美国的三十六个州也相继让妇女享有与男子同等的公民权。

除了得到选举权，战争也令女性的**职业**更加多样化。因为第一次世界大战并没有如各国预期的那样迅速完结，国家要为这场旷日持久的战争维持生产力，又加上男性需要上战场，所以本来以男性为主的工厂不得不让女性担当各种职位。

从此女性不再只是家庭劳动力，而是加入了社会**生产行列**。她们代替在前线作战的男性，从事生产工作。公元1914年，法国只有几百个女医生和数十个女律师，但在战争时期，职业女性的

人数大量增加；年轻妇女也被允许上商科和工程学校；保守的学府，如牛津大学和巴黎神学院等，也都对女性开放。

当时，英国到处都是雇用妇女的标语，政府提倡全国雇主雇用愿意与机器一起工作的妇女。第一次世界大战不仅使女性得以享受经济独立、自主和自由，也促使女性朝更多的方面发展。

最后的俄国沙皇——尼古拉二世与十月革命

欧洲　公元1917年

尼古拉二世是俄国的末代皇帝，第一次海牙和平会议就是在他的倡议下在荷兰召开的。

20世纪初的俄国，社会矛盾尖锐，贫富差距扩大，在这种情况下，尼古拉二世还派军队参加了第一次世界大战。因此，公元1917年2月，贫穷又厌战的群众发动了革命，尼古拉二世见大势已去，便于3月15日宣布退位，这一事件史称**“二月革命”**。俄罗斯帝国画上了句号。

但尼古拉二世退位后，政局仍不稳定，以贵族为主体执掌的临时政府，跟革命者组建的委员会冲突不断。于是，1917年的俄历10月25日（公历11月7日），列宁领导武装革命推翻了临时政府，建立了苏维埃政权，这就是著名的**“十月革命”**。

退位后的沙皇尼古拉二世一家被软禁，沙皇幻想放弃权力之后，可以和家人过上普通人平静的生活，但最后事实证明这只是他一厢情愿。公元1918年7月16日深夜，尼古拉二世家族包括和他们在一起的仆人近十人被集体处决。

公元2008年10月1日，俄罗斯最高法院正式为尼古拉二世平反，最高法院发言人奥金佐夫说：“本院主席团宣布，对沙皇尼古拉二世及其家人的镇压毫无理由，并恢复他们的名誉。”

俄国革命风潮由法国而起?

俄国 公元1825年

17世纪，拿破仑率领法军所向披靡，几乎征服了整个欧洲。可就在莫斯科一役中，拿破仑却吃了败仗。

当时**反法同盟**的**俄军**攻打法军胜利归来，目睹了法国的繁荣，反观自己国内的穷困落后，于是对沙皇实行的政治制度产生怀疑。其后，不同改革组织如雨后春笋般成立，研究俄国推行共和制或立宪制的可能性。

公元1825年12月，沙皇亚历山大一世驾崩，在新皇尼古拉一世的宣誓典礼上，三千多名官兵在元老院广场外发动武装革命，反对其登基，但被尼古拉一世血腥镇压。

革命虽然失败了，但这些革命人士为俄国带来了**新思潮**，所以后人称他们为“十二月党人”，以示纪念。列宁也给予了他们高度的评价，称他们为“俄国第一代革命者”。

美国最伟大的总统——亚伯拉罕·林肯

名人小剧场 2

他就是美国第十六任总统——亚伯拉罕·林肯。
林肯于1809年在一个清贫的农民家庭出生……
因为自小需要在家做农活，林肯没能像其他孩子一样上学读书，他只在学堂待了不到一年的光景。
学历不高也能当总统？
我呢？
总统是有能者居之呀！
林肯虽然入学读书不多，却天资聪敏，好学不倦，他大部分的学识都是自修得来的。

在二十七岁那年，林肯通过考试取得了律师资格。
从此，他开始了政治家的生涯。1860年，林肯当选美国总统。
当时美国南方的农庄需要大批人手，那些农场主便买来不少黑人当奴隶……
黑人奴隶经常遭毒打，甚至被任意残杀。他们像货物般被随意贩卖，不但没有自由，连生下的子女都是奴隶身份。
北方大力发展工业，亟须自由劳动力。在1863年，林肯颁布了《解放黑人奴隶宣言》……
我宣告，从现在起，南方各州的黑奴，将永远获得自由。
那些农场主当然竭力反对，他们另组了一个政府来反对林肯的《解放黑人奴隶宣言》。

南北对峙，内战爆发。黑人亦拿起武器，为解放自己而参加了林肯的北方军，与南方军对抗。
最后，北方军取得胜利。但南方的农场主们还要做最后的反击……
可恶！我们要派杀手除掉这个眼中钉！
1865年4月14日，林肯在戏院里被一名同情南方的男演员枪击头部，翌日伤重不治。
2009年2月12日正是林肯诞辰200周年纪念日……
美国总统奥巴马在华盛顿举办了纪念活动。
嘻！
嘻！
A博士，幸好有林肯，否则以你的肤色……注定是个奴隶了，哈哈！

第五篇

第二次世界大战

公元1939年至公元1945年

第一次世界大战后恢复最快的是哪个国家？

欧洲　公元1918年至公元1939年

1914年所爆发的第一次世界大战席卷欧洲，各国无一幸免，战后在巴黎和会上订立了**《凡尔赛条约》**，对战败国进行惩处。其中，德国需要背上全部的战争责任，对战胜国的赔款高达2 000亿金马克。

战后的德国经济已经陷入大萧条。20世纪30年代，德国的失业率一度达到30%，于是政府投入资金支持工厂生产，后来更是大力发展**军工业**，大量生产武器。在政府的支持与投入下，失业率大幅降低，人民生产总值上升，同时还有能力扩充军备。

史学家普遍相信第二次世界大战爆发，一部分原因是德国急切**需要消耗军备去维持生产**所致。后来，德国在第二次世界大战期间以一国之力，同时应付几条战线，足见其战前经济发展之迅速。

战争狂人希特勒

德国　公元1889年至公元1945年

希特勒未发迹之前，是一个不成功的**画家**。公元1919年，他加入了德国工人党（纳粹党的前身），并于公元1921年成为纳粹党领袖。他在慕尼黑发动政变，试图夺取权力，并且经常发表演讲，宣扬泛日耳曼主义、反犹太主义等。

公元1939年9月，希特勒对波兰发动袭击，导致第二次世界大战在欧洲爆发。之后，他开始**疯狂地屠杀犹太人**。

希特勒在战争期间屠杀了近1 930万平民和战俘。第二次世界大战欧洲战场的军事行动还造成2 930万军人及平民的死亡，其中**平民的死亡数量为人类战争史上最高**。

1945年，德国战败投降，希特勒于地堡中饮恨自杀。

瓜分波兰揭开第二次世界大战序幕

欧洲　公元1939年

公元1939年，德国与苏联签订了**《苏德互不侵犯条约》**，希特勒没有了后顾之忧，就磨刀霍霍，计划入侵**波兰**。

在军事行动之前，希特勒自编自导了入侵的借口。公元1939年8月31日晚，一队德国党卫军穿着波兰军服冒充**波兰军人**，袭击了德国边境的格莱维茨电台，他们在广播里用波兰语辱骂德国，并丢下几具身穿波兰军服的尸体作为证据（其实是德国囚犯）。接着，全德国电台都为这宗**"德国遭受波兰突袭"**的事件做了报道。

翌日，德国出动海陆空军大举入侵波兰。不久，苏联也以保护波兰境内的乌克兰和白俄罗斯居民为借口，命令**苏军**进入波兰。可怜的波兰就这样被德国和苏联合谋瓜分了。

波兰政府原本把本国的安全寄托在盟友英国和法国身上，可是当波兰被入侵之后，英法两国却没有采取实际的行动，而且仍旧妄想着与德国谈判。一般认为，**波兰被瓜分**拉开了第二次世界大战的序幕。

大而无当的马其诺防线

欧洲　公元1940年

公元1939年9月1日凌晨，希特勒下令入侵波兰，作为**波兰盟友**的**英国、法国随即向德国宣战**，第二次世界大战全面爆发。

其实，德国在入侵波兰之前，已先后吞并了奥地利与捷克两国。但作为当时欧洲最强大的两个国家——英国和法国都只是做出谴责，并未做出有效的行动。直至德国入侵波兰，触动了两国的**底线**，英法才正式向德国宣战。

此时，英法两国仍然幻想可以跟德国谈判，而且错误地认为**“马其诺防线”**可以有效阻止德国入侵法国。因为德法边境有很长的平原地带，一马平川，适合装甲部队驰骋。第一次世界大战后，法国为了防止德国入侵，耗时多年修筑了这个造价约五十亿法郎（20世纪三四十年代货币）、主体有数百公里长的“马其诺防线”。但是，德军绕过了防线，装甲部队出现在了法国腹地，英法联军这才如梦初醒：这个“马其诺防线”原来只是一个表面看似坚固，毫无实际价值的工程。

不可能的任务——敦刻尔克大撤退

欧洲　公元1940年

第二次世界大战爆发后，德军突破法国马其诺防线，四十万英法联军腹背受敌，且败且走，上演了号称史上最大规模的撤退——**敦刻尔克大撤退**。法国西面的**英吉利海峡**，成为英法联军绝处逢生的唯一希望。

撤退计划面临几项难题：首先，救援船只将面临德国空军的轰炸，以及神出鬼没的德国潜艇的攻击；其次，敦刻尔克海滩水深不足，英国海军军舰由于吃水深，无法靠近海滩，撤退速度较慢。除此之外，最严重的问题是，英国能够动用的船只太少。

第一天，英法联军几经辛苦撤出了七千多人。以这个效率推算，起码需要四十天才能将所有人员撤离，联军根本不可能坚守这么久。

英国当局随即紧急征召，**呼吁平民提供船只**。于是，无数业余水手和私人船主应召而来。他们的船只五花八门，包括驳艇、货轮、汽艇、渔船、内河船，甚至游艇。他们冒着德国飞机、潜艇和大炮的轰炸，穿梭于海峡两岸，将一批批联军官兵送回英国本土。

上天似乎也眷顾联军，**一连数日的恶劣天气**，使德国空军难以空袭。撤退从5月26日开始至6月4日结束，历时九天，超过三十三万人从敦刻尔克撤回英国，其中英军约二十一万五千人、法军约九万五千人、比利时军约三万三千人。这个**“不可能的任务”**奇迹般地完成了，为盟军日后的反攻保存了大量的人员战斗力。

希特勒最愚蠢的决定——入侵苏联

欧洲　公元1941年至公元1945年

希特勒发动战事后，短短两三年间就把欧洲多个国家置于版图之下。西线战事的顺利，让希特勒头脑发热，认为自己战无不胜，应该腾出手来对付东边的苏联了！于是，他安排制订了入侵苏联的计划，代号为**“巴巴罗萨计划”**。

在“巴巴罗萨计划”中，三百多万德军以“闪电战”的方式分三路进攻，务求快速占领苏联首都莫斯科、第二大城市列宁格勒①和第三大城市基辅。**只要这三大城市沦陷，苏联就会投降。**

“巴巴罗萨计划”紧锣密鼓地部署着，苏联却浑然不觉。虽然英国多次向斯大林提出警告，但斯大林坚持认为，英德战争未见分晓之前，德国不可能进犯苏联。他甚至怀疑，这是英国方面编导的离间计。

一直到德军入侵前几天，苏联才确认所得情报，但为时已晚。公元1941年6月22日，德军轻而易举地攻破了苏联边境，并在一周之内快速向前推进，苏联面对这一不利局面简直毫无还手之力。

德军一路高唱凯歌如入无人之境，轻轻松松便兵临莫斯科城下。莫斯科是苏联首都，苏联当然要拼死守卫，就在两军攻守拉

① 列宁格勒：今为圣彼得堡。

锯之际，苏联异常**寒冷的冬天**到来了！气温下降至零下三十四摄氏度，可怜的德军士兵仍穿着单薄的夏季军装；寒冷天气也对机动部队的坦克造成了影响，汽油结成了冰，坦克根本无法动弹；后勤补给又因为冰雪封路出现了大问题。德军无奈只得后撤。最终，苏联取得了莫斯科保卫战的胜利。

偷袭珍珠港

美国夏威夷　公元1941年

我们回看历史，都会惊讶第二次世界大战时日本为何不知死活地挑衅美国**偷袭珍珠港**。

其实，当时的日本有点像个亡命赌徒，孤注一掷之下不是输就是赢。

长期作战最重要的就是资源，日本自发动侵华战争之后，由于旷日持久泥足深陷，为了供应战争的军需损耗，决定在东亚掠夺资源，但这些地方都是英、美、法等国家的固有势力范围，其中最大的阻力就是美国。故此，日本决定**给予美国海军太平洋舰队致命的打击**。

公元1941年12月7日清晨，日本海军派出六艘航空母舰、三百多架战机突袭珍珠港。这场不宣而战的军事偷袭，对第二次世界大战的发展有着重大影响。美国由于此事件加入了欧洲战场。美国强大的工业能力为盟军增添了大量的资源，加速了轴心国最后的灭亡。

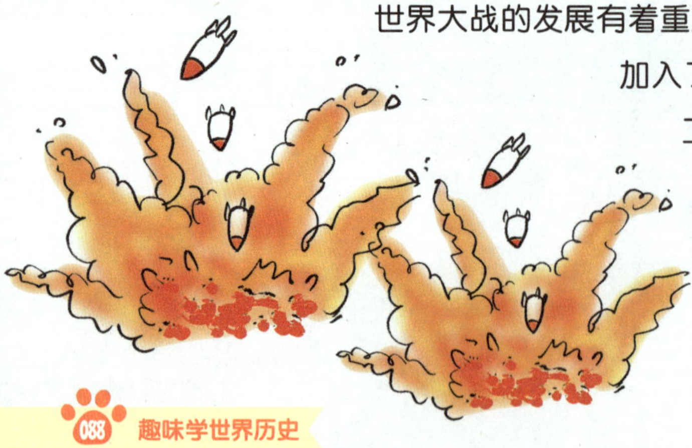

令德国重蹈覆辙的斯大林格勒①保卫战

欧洲　公元1942年至公元1943年

第二次世界大战期间，德国侵略苏联，在莫斯科因严寒天气而受挫，但希特勒并未从这个教训中学乖。在“莫斯科战役”后的第二年，德军重整旗鼓，这次的目标是**斯大林格勒**。希特勒选择进攻这个城市，据说除了争夺**石油**之外，另一个原因是此城以“斯大林”命名，如果能够成功占领，将会彻底击溃苏联军队的士气。

负责守卫的苏联红军将领崔可夫，诱敌深入，定下在城内打巷战的计划，如此一来，德军机动化部队的优势就会被削弱。不知就里的德军指挥官保卢斯，果然将坦克开进了斯大林格勒。

于是，德军陷入了巷战的**泥沼**中，然后，**冬季又悄悄地来了**。德军的噩梦重临，寒冷的天气令他们寸步难行，丧失斗志。

公元1942年11月，二百万苏联红军悄无声息地将四十万德军包围在斯大林格勒的残垣断壁之中，一直到公元1943年2月，**德军统帅保卢斯宣布投降**。史学家认为，这次战役是德国走向衰亡的转折点。

① 斯大林格勒：今为伏尔加格勒。

轴心国的小喽啰——墨索里尼

欧洲　公元1926年至公元1943年

第二次世界大战中的**轴心国**，主要是**德国、日本和意大利**。德国的四处侵略使整个欧洲震动，日本也在亚洲拿着枪炮横冲直撞，这使得意大利的墨索里尼有点被忽视。他希望可以向盟友证明，他也有能力领导意大利作战。

公元1940年10月28日，**意大利军队入侵希腊**。但信心满满的墨索里尼却遇到了挫折，勇猛的希腊陆军不但令意军节节败退，更大发神威占领了意属阿尔巴尼亚25%的领土，困住了五十多万意大利军队。

这下墨索里尼可急了！意大利不但战胜希腊无望，还有可能失去领地！无可奈何之下，墨索里尼唯有厚着脸皮向老大哥希特勒求救。4月6日，德国出兵帮助意大利入侵希腊，4月20日，希腊向德军投降。

一些历史学家认为，该战事对整个“二战”的进程有很大影响，因为德国为了出兵希腊，而**延后了入侵苏联**的计划，因此遇上了苏联严寒的冬天，导致莫斯科战役的失败。

“沙漠之狐”隆美尔

北非　公元1941年至公元1943年

墨索里尼在入侵希腊的战争中非常丢脸，就希望在北非战场上找回光彩，于是他纠集二十五万大军，扑向只有三万六千名英军驻守的埃及。讽刺的是，英军人数虽少，但以重型坦克的优势，把意军打得落花流水！

墨索里尼只好又向希特勒求救。希特勒把手下善战的**“沙漠之狐”**隆美尔派去增援。隆美尔到了北非，指挥两个装甲师三下五除二就把英军打退了一百六十千米，德军长驱直入，令英国大为紧张。

隆美尔立下战功，旋即被晋升为元帅，也因为其神出鬼没的战术和以少胜多的战绩而产生了“隆美尔神话”的说法。

第二次世界大战后期，德国一些将领开始对希特勒的领导产生怀疑，隆美尔被卷入推翻希特勒的行动中。由于他的知名度，希特勒让他“荣誉地私下自杀”。事后，德国声称隆美尔因作战负伤而为国捐躯，更为其举行了国葬。

用好莱坞手法欺骗希特勒

法国　公元1944年

第二次世界大战中被誉为“世纪登陆战”的**诺曼底战役**，盟军凭什么把狡猾如狐狸的德军愚弄于股掌之上呢?

在“诺曼底登陆计划”实施前，英国军情五处特意炮制了一个瞒天过海的计划。首先盟军不断改变要进攻的港口，让德军如同没头的苍蝇到处布防，导致兵力分散。

而此时，美国的巴顿将军更是**上演了一场好戏**——他多次视察加莱海湾对岸的多佛尔港。为了增加可信度，他请来好莱坞专业人士，制造了大量的坦克、飞机道具，俨然一副即将在加莱海湾登陆的阵势。

盟军从头到尾都是在演戏给希特勒看。因此，多佛尔港的“盟军”迟迟没有动静，诺曼底却传来盟军进攻的战报。甚至到开战后，希特勒还一度认为诺曼底只是盟军的佯攻，盟军真正的目的是加莱海湾。等到他真正反应过来，已是追悔莫及。

加快终结“二战”的战役——诺曼底登陆

法国　公元1944年

第二次世界大战末期，德国在东线进攻苏联的战场上失利，盟军统帅艾森豪威尔将军决定趁此机会从西线反攻，即公元1944年6月6日登陆诺曼底。

德国虽然在东线战况不利，但军队仍然骁勇善战，为什么会被盟军抢滩成功呢？

这源于以下几个原因：

其一，主要是盟军的**反间谍部署**，使德军误信假情报，以为盟军将会于加莱海湾登陆，故此没有将重兵驻扎在诺曼底。

其二，盟军的战术部署。盟军打的是一场**立体战**，派遣**伞兵**降落在诺曼底后方的交通要塞，守得住就守，守不住就炸毁道路桥梁，使德军各部队不能快速增援，被割成一块一块的，各自为战。并且，英国海军实力强大，有足够的火力掩护抢滩队伍。

最重要的是，盟军以近三百万大军的气势反攻，而德军在西线的全部布防军力只有五十八个师几十万人，**防线太长，兵力分散**，且具有战斗经验的步兵师仅占少数，大部分是缺乏训练与作战经验的守备师。

两枚原子弹结束“二战”

日本　公元1945年

第二次世界大战开辟的欧洲战场，因**纳粹德国于1945年5月8日宣布投降**而结束。但在亚洲战场，日本仍然负隅顽抗，太平洋战争仍在持续。日本的武士道精神促使他们拒绝投降，甚至有“神风敢死队”和“一亿玉碎”等两败俱伤的疯狂计划。

公元1945年8月6日，美国的B-29型轰炸机向**广岛投下一枚原子弹**，刹那间十二平方千米内的建筑物全部遭到摧毁，七万至八万人在爆炸中丧生。之后，因辐射和相关疾病导致而死亡的人数大约有九万至十四万人。

三日后，美国决定投下**第二枚原子弹**，首选目标是小仓，次选目标是长崎。投弹当日，因小仓市上空有雾，视野不良，机队于是转向**长崎**。小仓的幸运就是长崎的不幸。

长崎遭受原子弹轰炸六天后，公元1945年8月15日，日本宣布无条件投降，第二次世界大战正式结束。

文武双全的丘吉尔

名人小剧场 3

我下定决心……改掉口吃这个坏习惯！
丘吉尔坚持每天清晨练习演讲，几年下来，他不但克服了口吃，更因此成为杰出的演讲家。
第二次世界大战期间，丘吉尔出任英国首相，领导人民对抗纳粹德国，最后取得胜利。
丘吉尔除了是出色的政治家外，更是一位发明家……
厉害！
他改进并大量建造了“陆地行舟”，使轮式装甲车演变成威力巨大的坦克车。

政治家和发明家好像有点风马牛不相及……
他的成就不限于此，他还是诺贝尔文学奖的得主呢！
哇！
有没有什么趣事发生在这个伟人身上呢？
他的趣事多得很，且说一件你听听……
有一次，丘吉尔准备到下议院演说，他叫了一辆出租车……
我会在这里耽搁一小时，你等我一下吧！
那可不行！
为什么？

因为我要赶回家听丘吉尔的广播演说呢！
他不知道我就是丘吉尔！
这小费给你！
你真慷慨！我还是在这里等你吧！
管他的丘吉尔！

第六篇

寻求和解的当代发展

公元1945年至今

联合国是何时成立的?

全球　公元1945年

大家都知道联合国是为了维护世界和平而成立的。但是，联合国这个组织是什么时候出现的呢?

联合国成立于第二次世界大战结束后的**公元1945年**，成立的目的是阻止战争并为各国提供一个交流的平台。这个名字是由美国总统罗斯福在公元1942年与各国签署《联合国家宣言》时想出来的。第二次世界大战结束后，罗斯福总统决意要成立一个**维护世界和平与安全的组织**，一共有五十个国家响应，并派出代表在旧金山一同起草签署了《宪章》。之后就有了我们现在知道的联合国。

如果没有联合国这个组织，这个世界可能会继续争斗下去，真的应该感谢联合国保护这个世界啊!

印度之父的和平抗争

印度　公元1920年至公元1948年

印度“圣雄”甘地在第一次世界大战后参与独立运动，鼓励支持者们不服从、不合作，用绝食抗议等手段与英国统治者斗争，获得了世界关注。他本人也被英国殖民地当局多次逮捕，**先后四次入狱**。

公元1942年，日军攻占英属缅甸，在仰光成立自由印度临时政府。甘地相信**独立是印度唯一可行的出路**，他起草了一个让英国从印度退出的草案。草案宣布的翌日，在孟买的国民大会党领导层和甘地就全部被英国殖民当局逮捕入狱。

草案立刻引发了印度有史以来最大的一次独立运动，印度各地出现了大量争取独立的罢工和暴动，导致很多人被捕。甘地和他的支持者们清楚表示，如果印度不能独立，就不支持战争。

公元1944年，英国殖民当局认识到国民大会党对稳定印度局势的正面作用，于是以生病名义释放甘地。公元1947年8月15日，印度正式独立。而甘地的**非暴力哲学思想**也影响了全世界的民族主义者和那些争取和平变革的国际运动。

高瞻远瞩的马歇尔计划

西欧　公元1947年至公元1951年

马歇尔计划是第二次世界大战后美国对西欧各国进行经济援助、协助重建的计划。第二次世界大战以盟军胜利告终，美国由于本土没有被战火摧残，经济实力较为雄厚，因此计划协助欧洲盟国尽快恢复经济。

马歇尔计划于公元1947年7月正式启动，历时四年。在此期间，西欧各国总共接受美国包括金融、技术、设备等各种形式的援助，合计超过一百三十亿美元。

当该计划临近结束时，被援助国的国民经济大都恢复到了战前水平。在接下来的二十余年里，整个西欧重新整顿，经历了前所未有的高速发展时期，**经济呈现出一派繁荣景象**。

要说明的是，这个高瞻远瞩的计划虽因时任美国国务卿乔治·马歇尔而得名，但事实上，真正提出该计划的，是美国国务院的众多官员，特别是威廉·克莱顿和乔治·凯南。

麦克阿瑟的免职

美国　公元1951年

道格拉斯·麦克阿瑟是美国著名军事将领，太平洋战争中盟军主要指挥官之一，他的招牌形象是叼着长长的玉米芯烟斗。

可如此厉害的军人，为何会被免职呢？这就要说到朝鲜战争了。

公元1950年6月25日，朝鲜部队越过**"三八线"**，进攻韩国首都汉城[①]。6月27日，美国总统杜鲁门宣布美国参战，由麦克阿瑟任总司令。

在朝鲜战局对美方极为不利之时，麦克阿瑟主张对中国在东北的军事目标进行打击，必要时动用核武器，后来更是公开反对杜鲁门，其表现也让美国军政当局不满，最终被撤职。

公元1951年4月19日，麦克阿瑟在国会大厦发表了题为《老兵不死》的著名演讲："自从我在西点军校的教练场上宣誓以来，这个世界已经过多次变化，而我的希望与梦想早已消逝，但我仍记着当时最流行的一首军歌歌词，它极为自豪地表示**'老兵永远不死，只会慢慢凋零'**。"

① 汉城：今为首尔。

核战争——由古巴导弹危机说起

古巴　公元1962年

公元1962年的**古巴导弹危机**是大部分人所熟知、冷战时期最危险的时刻，可能触发的核大战会将全世界推向灭亡边缘。但也正是因为这次危机，令美、苏两国以至全球人民都认识到核战争是必须要避免的。那么这场惊心动魄的古巴导弹危机是怎样发生的呢?

公元1959年，年仅三十二岁的革命军领袖**卡斯特罗**推翻了当时获美国支持的巴蒂斯塔政权。美国担心会引发多米诺骨牌效应，造成自家“后院（拉丁美洲）失火”，所以开始支持反卡斯特罗的活动，由此美古关系恶化，卡斯特罗亦为此转向苏联求助。

由于古巴和美国国境十分接近，如果苏联在**古巴部署核武器**，发射按钮一旦按下，美国根本来不及拦截，瞬间就会变为一片焦土。

公元1962年，苏联在古巴部署了核武器。这件事被美国的U-2侦察机发现，美国决定先下手为强，立刻对古巴进行封锁，并要求当时苏联的领导人赫鲁晓夫将苏联的导弹撤出古巴，亦声明假如美国被攻击的话将进行猛烈回击。美国以庞大的海陆军和航空母舰包围古巴，更预备了可在短时间内把苏联完全炸毁的战略轰炸机。核战争如箭在弦，一触即发，这便是人类最接近毁灭边缘的“古巴导弹危机”。

最后，因为谁也没有能力承担最坏的后果，美苏决定以**外交谈判**的方式和解。美国同意不入侵古巴，解除封锁，又秘密撤回了部署在土耳其和意大利的弹道导弹，苏联亦答应解除在古巴的导弹装置，由此这场“核危机”正式平定下来。虽然美苏的军备竞赛未有停歇，但在公元1963年，两国建立了美苏热线，以直接商谈的形式来避免双方冲突的无限制升级。

柏林围墙

德国　公元1961年至公元1990年

柏林本是德国的首都，但第二次世界大战后被一分为二为东西柏林。**西柏林**由欧美控制，**东柏林**则由当年的苏联占领。

公元1958年，苏联声称柏林的分治形态已经过时，要求欧美盟军从西柏林撤军，为了逼迫盟军就范，苏军封锁了所有进出道路。盟军方面则通过空运物资继续抗衡，耗时达半年之久。

在公元1949年至1961年间，约有二百六十万东德人逃到西柏林，寻求自由生活。其中大部分是年轻人或受过良好教育的人，此举使苏联大为不满。

因此，苏联下令修建长达一百五十五千米的**“柏林围墙”**，完全阻隔东西柏林的交通，并且在朝东德方向距离围墙一百米的地方，增加了一道围栏。围墙与围栏之间被称为“死亡地带”，在这一地带，逃亡者无所遁形。

在柏林围墙屹立的二十八年间，仍有不少人拼命翻墙，但成功的机会很小。

东欧剧变

东欧　公元1989年至公元1992年

东欧剧变是指发生于公元1989年前后，东欧和中欧的一些社会主义国家，其执政党在短时间之内相继丧失政权，**政治制度改变为民主政体**的一系列历史事件。

首先，波兰、捷克和匈牙利三国于公元1989年先后进行了和平的政治改革，通过民主选举，改革派全面上台执政。同年12月，罗马尼亚武力镇压抗议的民众，愤怒的人民在一夜之间就将以前被认为非常稳固的铁幕政权推翻。

其次，保加利亚、东德和南斯拉夫等国家亦相继改弦易辙，开放民主选举。其中，南斯拉夫又分裂为几个国家，而东德则合并入西德，德国重新成为一个统一的国家。

东欧剧变的政治生态，其后又直接影响了苏联，导致苏联解体。**美苏两大势力的冷战时期宣告结束**。

欧盟成立

欧洲　公元1993年

欧洲联盟，简称欧盟，现拥有二十八个会员国（包括英国）。自从有了这个组织，人们到欧洲旅行变得方便多了！以前，游客要向每个国家申请签证，又要兑换当地货币，现在一个护照就可以在欧盟国家间来去自如，并可以使用同一种货币——欧元，免除了很多麻烦。当然，欧盟不是为了旅游人士成立的，它是为了更大的政治、经济利益而成立的。

首先是**经济利益**，第二次世界大战后，西欧各国经济疲弱，人们意识到应该联合各国力量一起重建经济。其次，面对美苏两个超级大国在欧洲争霸，为避免成为夹缝中的牺牲品，各国明白要团结起来才有力量。

基于以上考虑，最初由荷兰、比利时、卢森堡三国组成“关税联盟”，主要集中于免除关税和自由贸易，使经济恢复稳定。后来，西欧各国于公元1951年成立**欧洲煤钢共同体（ECSC）**，成员国除了“关税联盟”的成员外，又加入了法国、德国（西德）和意大利，一共六个国家。这个经济体取得了空前的成功，六国的生产量和贸易额也有了显著提升。

公元1957年，六国进一步签订**《罗马条约》**，并于翌年成立欧洲经济共同体（EEC）和欧洲原子能共同体（EURATOM），扩大了合作的范围，意在创造共同市场，快速重建西欧经济。

公元1965年，六国签订**《布鲁塞尔条约》**，并于两年后生效，把欧洲煤钢共同体、欧洲经济共同体和欧洲原子能共同体，统一为欧洲共同体（EC）。

公元1992年，欧洲共同体十二个成员国签订**《马斯特里赫特条约》**（又名《欧洲联盟条约》）。翌年，则成立了欧洲联盟，主张成员国之间的商品、劳力、资金及服务等可平等、自由地流动。

时至今日，除了文首提到的二十八个会员国之外，欧盟仍在计划不断扩展成员国。

苏联解体

苏联　公元1991年

公元1991年12月25日，苏联总统戈尔巴乔夫宣布辞职。次日，“苏维埃社会主义共和国联盟”解体。立国六十九年的苏联从此正式走进历史。一度与美国比肩的超级大国，为何会解体呢？其实一开始，**苏联的体制已经存在缺陷**。

戈尔巴乔夫执政后，曾试图通过改革来挽救苏联。但他急于求成，在尚未有完整的市场经济理论支持的情况下，制订所谓的**“500天计划”**，最终导致商品价格混乱，生产力下降，卢布贬值到接近崩溃的边缘。再加上“东欧剧变”的影响，人民渴望民主的呼声日益高涨。戈尔巴乔夫只好推行全民普选，并当选为苏联首任总统。

公元1991年，亚佐夫元帅、克格勃主席克留奇科夫等多名强硬派高层领导发动政变，将戈尔巴乔夫软禁，试图终止一切改革。随后戈尔巴乔夫请辞苏共中央总书记的职务，并建议苏联中央委员会解散，苏联就此正式解体。

茉莉花革命

突尼斯　公元2010年至公元2011年

茉莉花革命，是指2010年年末至2011年年初发生于**北非突尼斯的反政府示威**导致政府倒台的事件，因突尼斯国花——茉莉花而得名。

公元2010年12月17日，二十六岁的小贩穆罕默德·布瓦吉吉被警察指责违法，并被没收营生家当，更是被一名女性官员打了一巴掌，此举在阿拉伯文化中是对男性极大的羞辱。被激怒的布瓦吉吉向政府办公室投诉无果后，说出：“如果你不肯见我，我就自焚。”然而，总督还是拒绝受理。愤怒的布瓦吉吉竟真的在政府大楼前用汽油自焚。

事件瞬即触发了境内大规模的民主运动。但推翻政权的武器不是枪炮弹药，而是**网络和手机**，人们在社交软件上动员群众，把抗争过程传到每一个角落。

时任总统本·阿里在民怨沸腾下倒台。“茉莉花革命”成为阿拉伯国家中第一场由人民起义推翻现政权的革命。突尼斯此后向民主国家转型。

“阿拉伯之春”变成“阿拉伯之冬”

北非、中东　公元2011年至公元2016年

“茉莉花革命”对北非及中东地区国家产生了极大的影响，其示威抗议模式得到效法，形成了一场规模空前的民众反政府运动，如潮水般席卷整个阿拉伯世界，这股浪潮被称为**“阿拉伯之春”**。

阿拉伯世界陷入动荡的主因，包括长久以来的专制统治、侵犯人权和政府贪污等。而最致命的则是经济衰退、失业率升高，从而造成人民生活的困苦。革命浪潮波及埃及、利比亚、也门、叙利亚、巴林、阿尔及利亚、约旦、沙特阿拉伯、伊拉克、毛里塔尼亚、阿曼、摩洛哥、科威特、黎巴嫩、苏丹等十几个国家，稳坐江山数十年的独裁者如多米诺骨牌般倒下。

可惜美好愿景不一定能够有完满的结果。政治强人倒下，权力悬空令局势异常混乱，很多国家兜兜转转反而走了回头路。其中最悲惨的是叙利亚。叙利亚民众抗议运动初期，由于受到政府的强力镇压，反对派被迫拿起武器，最后演变成了一场对国家破坏极大的**血腥内战**。

若只是政府军与反对派两阵对峙，局势还算简单，但反对派内部除了以民主自由为理念的组织外，还有带**宗教背景**的、民族背景的……这些反政府的武装组织计算起来竟达一千多个！更令人头痛的是，一些恐怖组织趁着局势混乱浑水摸鱼。恐怖组织“伊斯兰国”，就在叙利亚境内成立**国中之国**，令局势更加难以收拾。无情战火导致千万人流离失所，数百万人逃往国外寻求庇护。阿拉伯之春变成了**“阿拉伯之冬”**，实在是令人唏嘘。

"9 · 11"恐怖袭击与本 · 拉登

美国　公元2001年

"9 · 11"恐怖袭击事件，发生于公元2001年9月11日。几名恐怖分子挟持了美国航空及联合航空的四架客机，其中两架客机撞向了纽约市世界贸易中心，还有一架撞向了美国国防部五角大楼，而另一架则因为机内乘客的勇敢反抗，成功阻止了飞机撞向建筑物，在宾夕法尼亚州香克斯维尔的一片空地上坠毁。

这一事件中遇难的人数至少有2 996人，较"偷袭珍珠港"事件中牺牲的2 403人还要多。伤亡者绝大部分为平民。对于这次恐怖袭击，美国声称是**"基地组织"**首领本 · 拉登所策划，遂要求阿富汗塔利班政权交人。然而，塔利班坚决不理。"9 · 11"恐怖袭击事件发生后不到一个月，美国和英国组成联军进入阿富汗，攻击塔利班和"基地组织"多个据点。

十多年过去了，塔利班始终无法根除，但本 · 拉登终于伏法。公元2011年5月2日凌晨，美国总统奥巴马于白宫宣布，本 · 拉登在巴基斯坦**住宅内被击毙**。

"9 · 11"恐怖袭击事件之后，全世界机场海关均加强了安保措施，以免同类事件再次发生。

圣雄甘地

名人小剧场 4

甘地出生于印度一个富裕的家庭。他小时候被认为资质平庸，记性欠佳，中小学阶段的成绩平平。
那时的他，胆小怕事，但也算诚实守规。
有一次，一位督学到甘地就读的学校视察……
各位同学，请默写5个单词，请督学看看你们的学习成绩……
甘地写错了一个单词，老师用脚尖轻轻踢了他一下，示意他参照身边同学的写法。
老师在警告我别左顾右盼呀！
事后，甘地因他的“老实”而被老师骂了一顿。

甘地在十九岁那年到英国攻读法律，三年后取得律师资格回到孟买从事律师业务。
我可以给你介绍一桩案件，但你要分佣金给我。
替人辩护的是我，而且我的收费比别人便宜，为什么还要给你佣金啊？
从以上两件事情，可以看到甘地憨直诚实、坚守原则的性格。
甘地在孟买的律师事务所生意欠佳，于是举家迁到南非重新开展事业。
在开往南非的火车上，发生了一件对甘地和印度均有深远影响的事情……
怎么有色人种会坐在头等车厢里？
我有头等车票呀！
有车票也没用！你必须到货车车厢去！
我有坐在这里的权利，绝不会离去！

当时在南非的印度人饱受白人歧视，甘地刚到此地就体会到了这种滋味。
甘地矢志为同胞争取平等权利，在这一过程中发展出一套“非暴力”学说，并取得了极大成效。
非暴力的威力远远超过最强大的暴力！
后来，甘地回到印度，到处倡导“非暴力”和“不合作”运动，终于迫使英国放弃殖民统治。
“非暴力”？“不合作”？什么意思？

“非暴力”就是以和平方式抗议，过程中绝对禁止使用暴力……
“不合作”就是不向当权者纳税，并且罢工和罢市，以宣示民意。
甘地为印度的独立和解放做出了巨大贡献，被尊称为“圣雄”，并被全世界不同民族、信仰和地位的人所敬仰。
我们都来向甘地学习吧！
我学他的“不合作”，而你要对我“非暴力”！

第七篇

历史名人逐个捉

奥地利国母——玛丽娅·特蕾莎

奥地利　公元1740年至公元1780年

被称为**“奥地利国母”的玛丽娅·特蕾莎**，一生充满传奇。她将本来腐朽的帝国重新振作并加以改革，带领奥地利重新成为欧洲一方强国。

特蕾莎从父亲手中继承奥地利大公国，但传统上这个位置是不传女的，故此惹来强邻动武的借口，“奥地利王位继承战争”就此爆发。

初战奥军大败，玛丽娅·特蕾莎唯有向**匈牙利**诸国领主求援。公元1741年，身穿匈牙利民族服装的特蕾莎在匈牙利国会大厅，声泪俱下地发表演说。女性的梨花带雨，成功地获得了匈牙利领主们的支持。

“王位继承战争”取得胜利后，特蕾莎更是展现了惊人的**治国天分**，并使奥地利人民的生活日渐富裕，安居乐业。

大文豪伏尔泰对特蕾莎的评语是：“她善解民情，政令推行恰到好处，向她诉苦的臣民最后都会满意地离开。”

不仅如此，特蕾莎利用权力将丈夫弗朗茨一世推上神圣罗马帝国的皇位，虽然这个皇位无兵无权，但有助于她对奥地利的实际统治。

特蕾莎与弗朗茨一世始终关系和睦，他们生育了十六名子女。

发动政变的国王——古斯塔夫三世

瑞典　公元1771年至公元1792年

古斯塔夫三世是公元1771年至公元1792年间的**瑞典国王**。当时的瑞典已是君主立宪制，国王有名无权，权力掌握在国会手中。古斯塔夫三世通过发动政变，成功将国会解散，终结了瑞典史上党派掌权的**“自由时代”**，开始了半独裁式统治的**“古斯塔夫时代”**，并进行了财政、司法和行政改革。

公元1772年8月18日晚上，古斯塔夫三世召集所有可信任的官员，翌日早上在兵工厂旁的大广场上会合。

他对在场官员说：“若你们决意追随我，就像你们的先祖追随古斯塔夫·瓦萨和古斯塔夫·阿道夫般，我就为你们和祖国的救赎舍生流血！”一名海军军官应声说：“我等皆愿为陛下效忠，不惜舍生流血！”

古斯塔夫制定新的效忠誓言，在场所有人都毫不犹豫地签署了，宣告他们不再效忠国会，**只听国王古斯塔夫三世一人的号令**。最终枢密院大臣及其首长都被逮捕，过程中亦没有流血。古斯塔夫三世随即在城内巡游，受到了群众的热情拥戴。

林肯被演员刺杀

美国　公元1865年

美国第十六任总统**林肯**，被誉为美国历史上最伟大的总统，但这位伟大的总统后来又为何会被暗杀呢？

这就要从美国独立后说起。美国独立后，南、北方已经向两条不同的道路发展。前者实行种植园**黑奴制度**，后者则推行**工业化产业**。二者的分歧令北方视南方为“工人的垄断者”，继而产生仇视心理，于是双方出现矛盾。来自美国北方的共和党人林肯认为蓄奴是不人道的行为，**主张废除奴隶制度**，而一向以奴隶来发展产业的南方则对此强烈反对。

公元1860年，北方出身的林肯当选总统却遭南方十一个州控告选举无效，并自行推举杰弗逊·戴维斯为总统，另组“美利坚联盟国”，导致这个时期的美国有南、北两个总统，也就使得南北形成了对立的局面。最终导致公元1861年南北战争爆发。

战争初期南军占优势，但林肯的《解放奴隶宣言》获得了国内外的舆论支持。最终，战争在公元1865年南军投降后结束。相隔仅数天，林肯和夫人在华盛顿的福特剧院观赏戏剧时，被一名同情南方的男演员开枪击中头部，不幸逝世。

英国的软实力——伊丽莎白二世

英国　公元1952年至今

当今的**英国女王伊丽莎白二世**，在位已超过六十年，是英国有史以来最长寿以及在位时间最长久的君主。

第二次世界大战时，乔治六世和王后每天走访英国各地和前线，安抚民众并为士兵打气。伊丽莎白二世秉承父母的勤劳，即位后也经常走访国内外，进行各类访问活动，非常亲民。

也许是出于荣耀王室的使命感，也许是审时度势的考量，伊丽莎白二世无论在公在私一直谨言慎行，致力于把王室定位为“福利君主”的形象，努力维持大不列颠王室的存在价值。

在君主立宪制度下，伊丽莎白二世只是**形式上**的国家元首，没有实权，但她的**影响力仍不可忽视**。随着英国“脱欧”程序的展开，英国的经济前景变化难料，相信心系家国的她，只要在位一天，仍会继续发挥她的作用。

绝不浪费时间的富兰克林

名人小剧场 5

冷清的甲板上站着一名男子，他一边看着大海发呆，一边低首在记事簿上奋笔疾书。

富兰克林先生，你在欣赏海景吗？
非也非也！
哦！也算是欣赏海景吧！
“也算”？
因为我正在思考海湾暖流对陆地气候的影响……所以“也算”是在欣赏海景！

为什么你在休息时仍对工作念念不忘？
你热爱生命吗？
是的，先生！
那就不要浪费时间，要让生命过得更充实啊！
富兰克林一生致力于建立民主制度。
当时，有一项法例规定：有钱人才有资格当选为议员。
议员
富兰克林极力指出这条法例的荒谬之处……
想要当上议员，首先要有三十美元的家当……

假如我拥有一头价值三十美元的驴子，那就拥有当议员的资格。
若一年后我的驴子死去，理论上这个议员我就不能继续当下去！
请问各位，究竟谁是议员呢？是我还是驴子？
富兰克林也是一位漫画家呢！他曾在“美国独立运动”期间，画了一幅名留后世的漫画……
主题是“联合，或者死亡”，寓意各州要联合起来争取独立，否则只有死路一条。
JOIN, or DIE.

第八篇

冷知识大放送

不涂香水就犯法?

古埃及　约公元前31世纪至公元前1世纪

平日逛街的时候经常会闻到一阵阵浓烈的香水味。也许有人认为这些味道很难闻，甚至觉得香水这种东西没有存在的必要。但是，**香水**以前在埃及是很重要的。

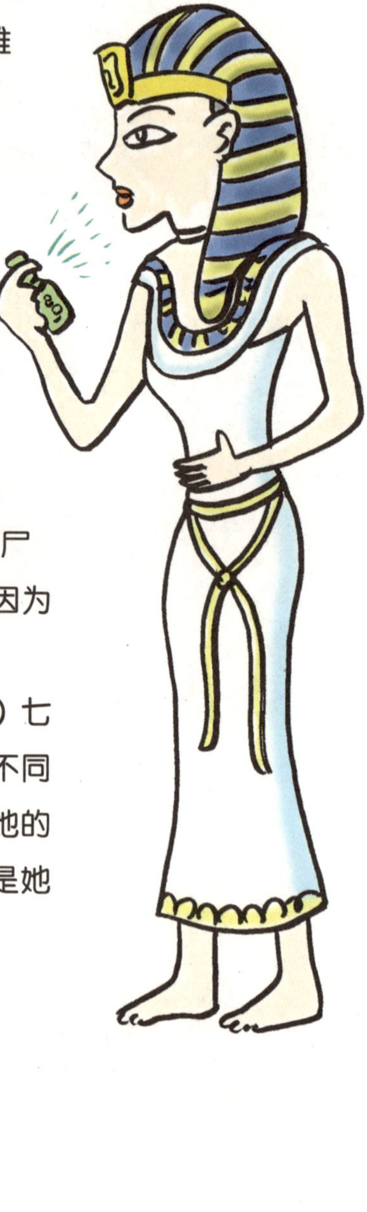

在埃及，只有最尊贵的祭司才有配置香料的权力，而祭司**每天要点燃三次香料，让烟雾升空**。埃及人相信这是**与上天沟通**的一种方法。制作木乃伊时，香水更是不可少的，神职人员将香水、香精等当作防止腐坏的药物涂在尸体上。对普通人而言，香水更是必需品，因为在埃及，**在公众场所不涂香水是犯法的**。

埃及艳后克利奥帕特拉（Cleopatra）七世是香水的狂热爱好者，她经常用十五种不同气味的香水来洗澡，甚至还用香水来浸泡她的船帆。你猜，不涂香水会犯法这条法则会是她定下的吗?

世界最早的通用语言

西亚　约公元前13世纪至今

现在提到世界通用语言，最先想到的应该是英语，而普通话则是逐渐开始普及的。但最早的通用语言是哪种呢？答案是**阿拉米语**！那么阿拉米语是怎样来的呢？

通用语言的诞生要归功于**腓尼基人**。腓尼基人当时以原迦南文字，即一个发音套一个文字的“表音”文字为基础，创造了腓尼基文字。他们舍弃了前人文字的华丽外形以提高书写效率，同时通过地中海贸易活动将腓尼基文字传到了**希腊**，演变成现今的**罗马字母**。

腓尼基文字除了促成罗马字母的诞生外，最重要的是促使阿拉米文字的形成。阿拉米人同样以腓尼基文字作为基础创造了阿拉米文字，阿拉米文字和阿拉米语都是通过内陆贸易而广泛流传的。由于商人都用阿拉米语交谈和交易，阿拉米语遂成为**世界最早的通用语言**，更成为当时波斯帝国的官方语言。

阿拉伯人和阿拉伯数字

阿拉伯　约公元前9世纪至今

阿拉伯的人口不少，那么**阿拉伯人的起源**又是怎样的呢？这就要追溯到伊斯兰教尚未创立的**蒙昧时代**。

那时只有阿拉比亚的游牧民族贝都因人，才有资格称为阿拉伯人。自从大扩张促成倭马亚王朝的建立后，只有源出阿拉伯半岛、血统纯正的人才有资格自称阿拉伯人，并且身份高贵；到了阿拔斯王朝，文明的融合进一步加强，阿拉伯人逐渐包括了帝国属下所有使用阿拉伯语、信仰伊斯兰教的各族人民，后来阿拉伯语发展成为整个帝国的通用语言。

阿拉伯文化曾经十分辉煌，阿拉伯人一度被称为**“高举中世纪文明火炬的民族”**。说到阿拉伯，就不得不提阿拉伯数字。其实，**阿拉伯数字**是由古印度的婆罗米人发明的，后来经由阿拉伯传入西方，成为当代世界最通用的数字。

消失的印加帝国

南美洲　公元1572年

印加帝国位于南美洲，曾是美洲最大的帝国，版图涵盖整个南美洲西部。哥伦布发现新大陆后，欧洲人纷纷前来抢夺资源。

当时各国为称霸而全力发展，面临资源断绝的问题，亟须向外扩张，如英国向东方发展，在印度搜刮资源。公元1526年，西班牙人法兰西斯克带领仅168人的军队，在到达南美洲时，发现了印加帝国。

西班牙人向印加人表示他们是天主的仆人，要让印加人聆听福音。当时的印加人相信西班牙人是神带来的福星，热情地招待他们。不料他们的神并非同一位，印加人**拒绝改变信仰**，法兰西斯克就下令用枪炮对付。装备落后的印加人毫无反抗之力，被全部击溃。

西班牙人凭着装备的优势、优秀的战术，再加上当时从欧洲传至美洲的绝症天花，轻而易举就征服了印加帝国，导致印加帝国从此在地球上消失。

称谓多多的英国

英国　公元1588年

假设有一群人在一起旅游之后闲谈，他们可能会提到英国有什么古迹、大不列颠有什么乐园、英格兰有什么著名景点等。听上去很奇怪，他们一起去玩，怎么在说三个地方呢？其实，他们在说同一个地方。

上述这三个称谓，都是**大不列颠及北爱尔兰联合王国（United Kingdom of Great Britain and Northern Ireland）**的简称。英国位于**不列颠群岛**，是由**北爱尔兰、英格兰、苏格兰和威尔士**组成的王国，由一个中央政府和国家元首管治。平时统称英国，但也有人因它在不列颠群岛，将它叫作大不列颠。

所以，无论用哪个名称，其实都是没有区别的，都是在说同一个国家。

郁金香狂热

荷兰　公元1637年

17世纪的欧洲发生了一宗既可笑又可悲的经济事件，即著名的**“郁金香狂热”**。公元1593年，一位荷兰商人从奥斯曼土耳其引进郁金香球根在当地培植，由于郁金香稀有，初期拥有郁金香则成了**身份与财富的象征**，如果你家里没有，就表示你太穷。

正因如此，想要郁金香的人日益增多，使得其价格大幅上涨，由此引起了投机者的注意。在投机者的炒作之下，只要今天买了郁金香球根，明天就可赚一笔。炒作郁金香的市场遍地开花，引诱普罗大众入市，郁金香的疯狂交易市场就此形成。

人们高高兴兴地炒作了几年后，忽然之间郁金香市场崩溃了！唯一的解释是，郁金香期货市场的交割日期临近，持有合约的人纷纷套现，引致泡沫爆破。许多人一夜之间失去所有。事件影响太大，荷兰政府只好紧急宣布，郁金香期货市场是**非法赌博**，故此豁免合约交割，才结束了这一疯狂的郁金香泡沫事件。

男人也穿裙子？苏格兰短裙的由来

英国　18世纪至今

大家可能在电视上都有看过男士穿着有格子花纹的短裙，可现实生活中男士真的也会穿裙子吗？别说还真有，就是苏格兰的传统服饰——苏格兰裙。**苏格兰裙**历史其实不算很长，普遍被认为是从18世纪兴起的。

至于苏格兰裙的起源也没有统一的说法，其中一说是作为**工人的制服**。公元1715年开始，政府允许英格兰与苏格兰通商，商人汤姆·罗琳逊为方便工人活动，改良了传统服饰KILT，苏格兰裙就此诞生。然而，有记载称早在公元1624年，苏格兰人已以苏格兰裙作为军队的制服，故此苏格兰裙的由来至今仍未有定案。

据说，苏格兰裙还有另个一特点，就是在裙子下面并**不会穿内裤**。这传说源自某场战争，苏格兰军陷入苦战，将领要求所有人把苏格兰裙和内裤脱下以示羞辱，然后向敌方进攻，由此不穿内裤的传说就此传开。当然也有其他说法，指出穿不穿内裤是视场合而定的。不过，不穿内裤似乎已经成为人们对于苏格兰裙难以改变的印象！

哥伦布的鸡蛋IQ题

名人小剧场 6

大家都纷纷拿起面前的鸡蛋，尝试着将它竖起来……
你们都失败了？让我来……
噗！
这不算！你把鸡蛋摔破，当然可以把它竖起来！
老兄，我跟你的分别就是：我敢摔，你不敢！
世上的一切创见，在一些人眼中，总觉得再简单不过！然而，他们总是在别人指出该怎样做后，才敢说出来！

第九篇

《圣经》故事与解不开的恩怨

为什么建不成巴别塔？

中东　《创世记》圣经故事

巴别塔其实还有一个名字，叫作**“冒犯上帝的城市”**，而塔建不成的原因，就是因为它得罪了上帝。

根据《圣经》记载，洪水劫过后，上帝承诺人类以后不会再有洪水出现，并把彩虹放入云彩中作为凭证。此后，所有人都说同一种语言。在度过一段安稳的生活后，人们怀疑起上帝的承诺，害怕洪水会再次出现。于是，就想建造一座**通往天堂的塔**。由于他们语言相通，这座塔很快就建成了。

但是，他们的行为激怒了上帝，上帝既生气又担忧：“人类会说同一种语言，在能沟通的情况下又同心协力，现在能建塔通往天堂，以后还有什么事做不出来？”

于是，上帝以雷电击毁了巴别塔，并且打乱了人类的语言，将他们分散到不同的地方。人们在不能沟通的情况下，也就无法再重建巴别塔。现在，巴别塔被视为**宗教的象征**，提醒教徒在上帝面前要保持谦卑的态度。

诺亚的三个儿子

中东　《创世记》圣经故事

《圣经》中“诺亚方舟”的故事相信是广为人知的，不过大家知不知道**诺亚**有多少个儿子呢？根据记载，诺亚活了950年，他在500岁的时候生下了三个儿子：闪、含和雅弗。有人说，这三个儿子便是三个人种的祖先。

第一种说法是，在犹太人的世界观当中，世界由亚、非、欧三大洲组成，而诺亚的三个儿子即为**白、黄、黑**三个人种的祖先。

第二种说法则源自《圣经》。闪是希伯所有子孙的祖宗，相传为闪米特人的祖先；对于含，《圣经》中两次提到“迦南的父亲”，由此可知含是迦南人的祖先，但也传其为非洲人与亚述人的祖先；而后世以分子生物学进行推断，指出雅弗是原始亚欧人的祖先，亦有一位喀什的维吾尔族学者认为雅弗是突厥人的祖先。

无论是哪种说法，结论都指出诺亚的三个儿子是三个不同人种的祖先。诺亚以方舟载动物和家人避开大洪水的危机固然伟大，但他的三个儿子各自构成世界的一部分也很伟大！

哭墙的由来

耶路撒冷　公元200年

哭墙又叫西墙，是**犹太人被拆毁的圣殿**的一部分。

公元70年，罗马人对犹太人发动战争，绝大部分犹太人被赶离家园，而他们的圣殿也被摧毁，只残留下一堵墙。到拜占庭帝国时期，犹太人被允许在每年的安息日重归故里。无数的犹太人纷纷来到圣殿遗址，**对着这堵墙哭泣**，“哭墙”之名因此而来。

现在，哭墙是犹太人民族**信仰的象征**，不仅吸引无数游客前来参观，也吸引了无数的基督徒前来祈祷。不少人都相信哭墙是**最接近神的地方**，他们会将自己的愿望写在纸上，塞到哭墙的缝隙中。但是，游客要注意的是，哭墙分两个区，有男区女区之分，所以千万不要走错啊！

排斥犹太人浪潮

欧洲　公元391年至今

从罗马帝国时期开始，欧洲历史便充斥着**针对犹太人的暴力行为**。例如，中世纪十字军对犹太人的掠夺与屠杀、15世纪西班牙人对犹太人的彻底驱逐及灭绝、19世纪和20世纪沙皇俄国的反犹太浪潮。而第二次世界大战时期，纳粹德国在希特勒的领导下对犹太人进行的大规模、有计划的迫害和**种族灭绝**行为，则被认为是反犹太行为的最高潮，在欧洲，他们有组织地杀害了近600万名犹太人！

而在20世纪的美国，针对犹太人的纵火、抢劫与枪击案也屡见不鲜，墙壁上会不时出现反犹涂鸦，甚至犹太人的墓地也会被基督教激进派人士推倒。

排斥犹太人的行为从古至今一直存在，其原因是排斥者将犹太人视为**“谋杀救世主基督的人”**，认为他们是“贪婪、阴险”的民族，需对世界一切政治和经济问题负责的“幕后黑手”，等等。

近年，更有谣言说《精灵宝可梦》系列游戏是犹太人的一项阴谋，意图使儿童背弃伊斯兰教。这个谣言又说“Pokemon”一词在日语中的意思是“我是犹太人”，对此，任天堂公司已经再三澄清，否定了谣言。

伊斯兰教的圣地在哪里?

沙特阿拉伯　公元570年至今

一般人可能不太了解伊斯兰教的圣地，但对伊斯兰教徒来说则是最清楚不过的，麦加这个城市就是他们的圣地。

麦加坐落在**沙特阿拉伯西部**的一个山谷里，面积约760平方千米，人口超过100万。麦加成为圣地的原因是，伊斯兰教创始人**穆罕默德**于公元570年在此出生，并在这里创立及传播伊斯兰教。此外，麦加拥有清真寺（又称麦加禁寺），寺内的“天房”是全世界穆斯林做礼拜时的朝向所在，每年都有成千上万的教徒到麦加朝觐。对于伊斯兰教徒而言，一生不到麦加一次，就不算是完整的人生。

有趣的是，沙特阿拉伯有法律规定，麦加不允许非伊斯兰教徒进入，违者拘捕重罚。但这反而引起了人们的好奇心，不少人**使用假证件乔装进入麦加**，之后更将自己的“冒险”经历写出来公布于众。

朝圣之旅

西班牙　公元12世纪至今

传说耶稣十二门徒当中的**长雅各伯**，曾经到西班牙传教七年，死后就葬在西班牙，可是一直无人找到他的坟墓。直到公元813年，一位农夫找到了他的墓地，人们就在他的坟墓上建起了一座小教堂，并将当地命名为圣地亚哥-德孔波斯特拉，在西班牙语中意为**“繁星原野的圣地亚哥”**。

多年来不少信徒通过朝圣之路，**由法国经比利牛斯山前往西班牙的圣地亚哥**。这条朝圣之路也发展出其独特的配套活动。朝圣者在启程时可以购买一本**朝圣护照**，上面记有出发地点、朝圣方式、姓名及个人资料。带着朝圣护照在路上会方便很多，比如低价或免费的住宿。朝圣者还能在途中的教堂及市政厅获得圣雅各之路的官方印记，作为最后在圣地亚哥获取朝圣证书的证明。

踏上旅途的不单单有朝圣者，也有希望挑战自己的人，用双脚走完接近八百千米的路，完成一段洗涤心灵的旅程，也许这正是朝圣之路存在的目的吧。

图书在版编目（CIP）数据

趣味学世界历史 / 方舒眉著；马星原绘. —北京：北京理工大学出版社，2020.2

ISBN 978-7-5682-7342-8

Ⅰ. ①趣… Ⅱ. ①方… ②马… Ⅲ. ①世界史—儿童读物
Ⅳ. ①K109

中国版本图书馆CIP数据核字（2019）第160765号

著作权合同登记号 图字：01-2019-4000

项目合作：锐拓传媒 copyright@rightol.com

出版发行 / 北京理工大学出版社有限责任公司
社　　址 / 北京市海淀区中关村南大街 5 号
邮　　编 / 100081
电　　话 / （010）68914775（总编室）
（010）82562903（教材售后服务热线）
（010）68948351（其他图书服务热线）
网　　址 / http: //www.bitpress.com.cn
经　　销 / 全国各地新华书店
印　　刷 / 三河市宏图印务有限公司
开　　本 / 710毫米 × 1000 毫米　1/16
印　　张 / 10
字　　数 / 75千字
版　　次 / 2020 年 2 月第 1 版　2020 年 2 月第 1 次印刷
定　　价 / 36.00元

责任编辑 / 李慧智
文案编辑 / 李慧智
责任校对 / 周瑞红
责任印制 / 施胜娟